不如莫遇

梅如霜

钟书国际文化出版社

BOOKLOVER INTERNATIONAL CULTURE PRESS,
AN IMPRINT OF METRO FIFTH AVENUE PRESS,LLC

Bu Ru Mo Yu
不如莫遇
Author   Mei Rushuang
作　者   梅如霜
Editor   Zhang Suqing   Zhang Qian
责任编辑   张素青　张倩
Publisher   Booklover International Culture Press
出版社   钟书国际文化出版社
Address   551 Fifth Avenue, New York, NY10017.
通讯地址   美国纽约第五大道 551 号，邮编 10017
Acquisition   Beijing Booklover media CO., LTD.
Address   Dachen Road, Feng Tai Dist. Beijing, China.
策划组稿   钟书国际出版网
              http://www.bookloverpress.com
地　　址   北京市丰台区大成路 6 号大成时代中心 2788 室
邮　　编   100141
电　　话   010-88177119
电　　邮   bookloverpress@sina.com
              2013 年 09 月第 1 版　2013 年 09 月第 1 次印刷
开　　本   145mm×210mm　1/32　印张：9.25　字数：158 千字
ISBN   978-1-6260-9023-1
Price $12.0

序

我是一个依赖文字的女子。融在拥挤的人海浪潮里，常常觉得自己与尘世没有多大关系。选择的生活是流离的，除了寂寞地敲打着键盘，我发不出任何声音。偶尔也会朝不太熟悉的人微笑，以彰显自己的存在。我以为这便是真性情。

生活在贫乏中孤独着，在每个被墨色浸染了的夜里，待小儿睡下时，与文字倾诉已成为一种习惯。我挚爱夜的黑。在这无边的夜色之中，我时常感到自己比那白日里的阳光还要透彻。卸了面具，把心门敞开，往事一幕一幕，实在无法断绝关系。当眼泪把伤口冲刷，畅快时，会积攒些气力，于天大亮时，迎着第一缕阳光出发，那么自傲。我想我必须不停地工作，努力地赚钱，我要养孩子要生活，我怕流落街头。一个渴望掌声无所依靠的人，唯有加倍地工作来证明自己。

有朋友说："霜，请快乐，写点阳光的文字好吗？"可我总是钟情于破碎的东西：破了洞的牛仔裤，皱巴巴的棉布裙子，泛黄发潮的旧书，古老的音乐磁带。残缺的伤痕唤起我满心的柔情，我会情不自禁地将它捧到鼻子下嗅，那种阴湿，久无人问津的霉菌，若苔藓，涉水而过，正在从水生向陆生过渡。破碎带来痛感，幻象的黑暗里诞生了月光，所有的苦痛、死亡开成莲花，那一瞬间，我热泪盈眶。

这本书有许多篇章以"我"为人称，大多写一个女子真实的生活态度，或懒散，或淡漠，或欲望，或不安，也有趟过那片水之后氤氲的感动和幸福。"我"并不是一个作为独立的个体，也不是唯一的"我"，"我"只是一个符号，一根丝线，于人海中将千万个你我连贯。自由流动的文字若水滴，不受任何的约束及限制。我喜欢无拘无束自由自在。与人之间的关系始终疏离，很难相信感情，但仍旧相信爱，信仰爱才是唯一出路。

很长一段日子里，我沉浸在写作中，故事断断续续没有关联，这些都是不要紧的事情。原生态的边缘生活在夜色里藤蔓交织，一次次燃起内心巨大的空洞，我知道，我无以抵挡。有些情节，是身边朋友发生的真事，它盛大地撞击无法言语，因为无力，我只是将它流水样地记录，也算个人对人性更深层次的一份理解。

文字贴近生活，构筑的场景妥帖真实。在书里，你惊悸地发现了自己，还有身边的你你你你你。那些熟悉或不熟悉的味道五味杂陈，你看不见我亦无法知晓我，我们却潜在地对话。文字带来巨大的安慰，为灵魂搭建起避难之所。

写作令漆黑的夜不再空泛，只有爱和小孩。累了时，看网上博友的文字或照片，想像着屏幕那端的你与我一样也没有睡，在醒着，在彼此相守，我感到被安慰。我们是同类，是彼此生活隐秘的观望者。

一直觉得，我是单打独拼对付一生的人。那个我所复制的孩子，他是我唯一的男子。惶恐和迷茫让隐忧的伤痕翻滚，一浪一浪，直抵核心。我窥见自己灵魂的乏力。在城市和村庄的夹缝里苦苦挣扎，体会着生命的黑与白。不知道自己究竟为什么活着，不知道谁会陪我到最后。却依然对爱膜拜。

我要爱，要爱我，看美丽的花朵，会看到痛楚的颓败，会泪光闪烁，若邂逅的恋情，美丽还在滞留心头，剧情的落幕却已无声无息。一段段的感情尚存余温，脸上荡漾的笑遮不住心底慌乱的殇，爱如凝霜，遍地是心伤，随它去去，不如莫遇！

谨以此书，献给我的儿子，以及爱我的人们，珍重！

梅如霜

2012 年 9 月 8 日

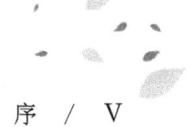

目　录

二三事

1 鸟

下班高峰期，大巴车厢里，挨挨挤挤，拥挤，还是拥挤，一车的兄弟姐妹。

一个瘦弱矮小的乡下女人，衣着寒酸，满目疮痍，她大包小包，破旧的编织带，紧紧捆扎的行李，足有多半人高吧。她的额冒着密集的汗珠，可还是奋力地挺上了车。

窘窘地拖着行李，左顾右盼地找寻，司机座位的右后方，倒有一片难得闲置的空地，她的双眸不可掩饰地惊喜。

"朝后走朝后走，这里不许放置行李"。那个司机，那个人近中年的男子，他的声音来自南极，粗鲁，冷漠，无视她在公众视野暴露的狼狈。若石头，锐利坚硬。

"人这么多，如何能挤得过去？大哥，我是到终点站才下的"。她乡音浓厚，嗫嚅地强调，对着石头，软软地一脸讨好。

"下车，从后门上"。那石头开始变黑，也愈发地霸气了，尖锐的棱角直抵心窝。

她倔强地伫立，脸涨红，咬着嘴唇，纹丝不动。

"下车，赶紧地，你听到没有听到没有"？石头开始疯狂，他的咆哮磅礴难挡，一浪高过一浪。

较量戛然而止。她终究颓败，穿过人窝，下车，孤灯映壁，拖着她半人多高的行李。心怜惜，微疼，我不知道，她是如何从后门挤上的车。

独行的女子，我懂你的委屈，对那心智蒙诟之人，我会嘲笑他的势利。这人世，别看他貌视风光地载着你或我满街巷兜兜转转，你可知晓，那终究还是只虚头八脑的鸟！

2 雪

挺累的，真的挺累，可下了班，晚饭后，依然会和儿子雷打不动地去操场打会儿球。

寂寞空前，似飞燕落入了汉宫，依然规整，依然拘于礼法，理由无它，只是一个缘由——我多么爱他！望着他，就像看到漫天弥漫的雪花，在空中一朵一朵地开，溢美，纯洁，融融的种子洒入血液。我知道，这是欠他的宿债，我不能抱恨终天。

真不巧，球总是输，连连地输。

小子开始嚣张，一得意，就忘了形，挥着球拍，吼吼地嚣叫着，怎么样，知道哥哥我的厉害了吧？

呆，只是一秒，旋即大笑，关关节节，尽是舒坦，旷世的愚痴或爱恨，在这天色渐自模糊的黄昏，被韶华繁盛的雪花簌簌掩埋。

3 女子

周末，和老妈陪孩子们去曲江池遗址公园游玩，这里江水曲折漫流，岸边紫云楼、芙蓉苑、杏园等宫殿连绵，垂柳轻拂，甘草弥香，心简洁而明快起来。

游人如织，来来去去，孩子们在"太空漫步"的刺激中尖叫着，码头，乘船游湖的人在排队。画坊长廊，三五成堆的人在给鱼喂食。涌动的人影里，奔跑，嬉笑，交织的声音来回穿梭，到处散发着温暖的慰藉。

与母亲坐在草坪的阴凉下，喝水，安静地看儿子和外甥女在忽高忽低地"蹦极"，他们的影子在天空中画着一道又一道绚烂的弧，飞翔，想必是每一个孩子童年里最大的梦想。

啊——啊——啊——，几声怪异的嚣叫打破了春的清淡。怎么回事？我开始四下张望，也发现所有的游客都在如我一样地找寻。

即刻，一个少年进入了我的视线，他似是十五六岁的样子，高大壮实，五官清秀，只是那眼神，却透着几份不同寻常的光芒。他发疯似地狂奔着，东东西西，欲奔又止，脚步明显地凌乱，不知所措地停驻，伸着脖子，拼了全身的气力在啊——啊——地干嚎着，似一只脱离了队伍的野鸭，在岸边绝望惊慌地哀鸣。

他一定与他的亲人失散，他在找寻他的亲人，我断定。

还未来得及收回视线，一个微胖的中年妇人已一路噭呼地从不远处奔来。那个惊魂未定的高大少年，一头扎进那矮他半截的女人怀里号啕大哭起来，刚才还是干枯的井，这会儿已是取之不竭的泉，泪雨滂沱，汹涌翻腾。

"宝宝不哭，乖，不哭，妈妈给你买水水喝"，那女子紧紧地搂着那少年，一边轻拭着他脸上泪迹，一边轻抚着他的背。也许是受到惊吓，那孩子突然翻起白眼口吐白沫，浑身不停地抽搐起来，旁边的凉椅上，已有情侣主动地让起了位子。

"宝宝乖啊，来，吃点药药，妈妈带你回家"。她眼神坚韧，若圣母，清亮，明媚。她在给他喂药，细心地擦去他嘴角的液体。她是玛丽娅，她来自天外，她是截然不同的介质。

草坪上泛着潮湿的气，凉风吹过，没来由地，我的泪流了下来。

4 男子

他是小村里的一个男子，他居然投井而死。

据说，他迷恋一个网络中的女子，据说，他给她断断续续地邮寄了十万多元钱。他再也拿不出钱来的时候，她终于彻底地从网络里消失。他再也找不到她。

他家贫，落寞，寡淡贫乏的日子里，她的虚情虚义，还是将他蛊惑。那个赖以生存的店铺，所赚的每一两银子都源源不断地寄给了她。润泽无声的感情，湿润着他卑微的心。以为获得了生命，以为会与她一起生老病死。

那个幸福而愚蠢的女子，你可知你修了几世的福，才会遇上这样一个不曾谋面却甘心为你倾其所有的男子？古来帝王，拿江山作抵，博红颜一笑，"烽火戏诸侯"，"从此君王不早朝"，例子比比皆是。他，无名野草，一腔天成的爱，不输！

撒光了最后一个铜板，直至再也无力借贷，到头来，却连拉手的机会也没有等到。

乡野的巢里，不吃，不喝，只求孤独地不为人知地秘密死去，夜半，爬起，一次次徘徊在村外的那口深井边，没人看到他孤独绝望的背影。纵情一跃的男子啊，无法想象，那会是怎样的万念俱灰？

他终究是爱她的！

5 满足

那些，仅仅是小儿穿旧的衣服，还有那些一兜兜的书，都是小儿早已看腻了的。当我把这些一股脑儿地放在你的面前，你怔，刺目冻裂的小手不停地搓着，眼清亮，疑惑，如利棘，不置可信地望着我，抚着你的头，我笑，从你澄澈的眸里，我看到两个小小的我。

与小儿携着你去大雁塔广场游玩，阳光指引，一路暖风，瞄汽枪，扎飞镖，看西洋镜，听悠扬的埙，给石膏像涂彩。单薄寒酸的衣服裹不住你小脸漾满的笑容，小心地踩脚，谨慎地亲吻，看你拘谨的满足，我会心痛。望着你，无限遐想，爱潜滋疯长，下辈子，我愿你做一个健全的小孩，也能和所有其它的孩子一样，欢快地聆听大自然恩赐的天籁。今天，我只想做一颗星，一颗只围你而转的小星星。我的眼里，你是天体系统里最是耀亮那轮月。

大唐通易坊，街明净，古香古色的建筑令心愉悦。有老者在街边支着桌子下着象棋，车南来北往，尘世花花，甜风暖暖，看你在盛唐陶坊专注地捏着手工，我会痴。

山野的小孩，你还在吸着鼻涕，脸冻得青紫，手干裂，还没有听觉，你的世界一片寂静，一个巧克力的达利园派，已将你轻易地收买，欢欣讨巧的小乖，你雀跃的拥抱了我亲吻了我，你的满足，令我心碎。

我紧紧的拥抱着你，心刺痛，胸中似有万马在嘶。物欲的俗世里，忽略你太多，对不起，对不起！

6 分裂

不知几时，迅速沉堕，迷上一个抽烟的女子。不再孤立无援，闭上眼睛，心里全是对她的喜欢。做那不类的魔鬼，也是甘愿。

通过荧屏，少有言语，只是吐着那呛人的烟圈，她抽烟的姿势，渗给她爱情。或者是因为寂寞。她是她的幻觉。她在给她施舍。

昼夜交替的时分，灵魂的烈焰在燃烧，两个无眠的女子，丌始喝酒，空气微凉，意识清醒，其实只想大醉一场。她眼神空茫，缠绕着绵延无尽的寂寥。她说，她是一个冷漠不爱的女子。她说，如果可能，我会跑去看你。一脉柔情，在线的两端交互流淌。无限眷恋，不说晚安。

时间停止，星星隐匿，不忍惊动纯洁相和的歌者。

好孤独，我的世界只剩下了你。我想吻着你抱着你，把你揉进我的怀里，不要离开我……

我发誓，除非地震把我埋了……

世界死寂，她的眼里噙满泪水。

2011 年 4 月 23 日

你知不知道

你知不知道，有些孩子的降生，并不因为爱情，但却同等地拥有享受快乐的权利，你没有资格残酷地剥夺。

三天假期，陪他朝夕。在前庭里臭汗淋漓地打球，楼上楼下地躲着猫猫，一起兴奋而不知疲倦地丢着石头，骑着单车，和小狗妞妞在迷宫的街巷狂奔……暮色降临时，披着夜色，牵着他的小手回家，紧紧地拥抱，吻他的颊，不舍地互道晚安。

旺盛而丧失关爱的年纪，忧郁空前，裙袂飞扬的甜美渐自愈远。莫名地爱上鲜艳的红，那种怦然一震的红。青春没落的残痕被窒息的红深深抚慰，惊喜如杨利伟，一刹那望见太空的旖美。角色归零，花期正旺，只是繁盛的，还有那无边的欲望……狂躁狂乱被刻意地压抑，透露给那孩子的，总是温暖的柔软。不堪的过往令她深知，不稳的情绪伴随而至的，定会是更大的灾难。

淡定。每个美好而不甘的女子，孤独和欲望总是她最大的天敌。

那个孩子，他是她隐约的希望，只是这希望太过漫长。忧伤的根由无以释放，秘密的孤独不敢发作，坠落，只想加速度地坠落，粉身碎骨，把心葬掉，直至忘了爱的好。

据说，每一个生命体都会有正邪二气，美丽的正令人欢喜，黯淡的眼神会为之一亮，人人，其实都是一个好色的顽童。只是那丑陋或罪恶的邪，却总是被藏着掖着，躲在那冷漠空茫的暗夜里。压抑，总是在忍耐，生活无助地令人恐惧，这种恐惧唯有那个无关爱情的孩子可以发泄，咒骂，摔东西，扬着高高的手，却总是不忍下落。凝视着他的眼睛，用力地捏着他的小手，恼怒地恳求：我要你懂我，只是要你懂我。其实，从不曾对生活绝望。

冷静下来时，他眼里的恐惧依然触目，心会痛彻骨地痛。

生活总是这样，给予恋者的孤独有多少，她所产生的痴情就会有多少。落荒沉默，粗暴桀骜，宛如石缝里顽强吐绿的野草。上帝可以把弱者推进灾难的深渊，却无法泯灭弱女子坚强的信念。日子还在继续。

没什么，没什么大不了的，这孩子，他还是在自由自在的长大。

他眼眸清亮，没有杂质，这个瘦而活泼的少年，已高出她的头半截。清明的风无声而清寒地掠过。第一次，带着他一起去祭奠。街边等车时，他总是抢先地拎过行李。下车，会伸出双手，将她抱下来。他神情庄严地站在孤零零的墓碑前，双手合十深深叩首，喃喃地说爷爷你放心吧我已长大，我会听妈妈的话，会是一个善良的好孩子，我要你相信我。悚然心惊地望着那孩子，如此陌生。泪散落在空气里。

总以为他还是那破碎的玩具，总以为他还是那无知的幼童，颓废蒙住了眼睛，埋掉了心。

无声的瞬间，伫立荒野，握住他柔软的小手，狠狠地拥抱他亲吻他。风好大，今天。

一个独立简洁的房子里，平淡现实，陪一个无关爱情的孩子，何其寂寞。他身躯瘦小，却给你支撑。所有零碎地挣扎的印痕，反复在破坏和修复着。可是，你知不知道，你要让他快乐。那汪潭清澈透底，将空茫的孤单击碎，替你驱走着夜夜的黑。

想起许多不该做的事，还有许多不该说的话，真是蠢，觉得那只是喝了酒之后才会犯的傻。既不是侵略者，就不要将他的快乐掠夺。

生命缺陷，深深满足，天空是纯澈的蓝。所有的罗愁绮恨，轻盈地飘散在风里。

2011 年 4 月 5 日（清明）

鬼把戏

我看到一屋子黑压压地站满了人。我从人窝里挤进的时候，人群自动散开，形成一个只容一人穿行的通道。我看到躺在炕上的那人。乡亲们围着他，脖子长长地张望，窃窃地私语，一脸同情。

他才四十出头，那么年青，眼角淌出的泪表明了他的不甘。他似乎在说，你们都活着，让我一个人死，我的两个孩子怎么办，教我如何放心？

他叔，你安心地走吧。俺家那死鬼早两年前就在天国等你呢。说话的是村东头的二婶。

你看，老曹，明哥都死掉了。还有他栓子，实事干得再大屁用也不顶，阎王爷才不吃他那一套，他还不得照样乖乖地去生死簿上签字画押？咱痛痛快快的上路吧，别惹恼了小鬼。

村里的炊烟袅袅。屋子渐渐昏暗，看不清人的脸。儿女亲戚拥了一屋。

"这都三天了，去了又回来，回来了又去，就是不肯合眼。"一个精瘦的女人口齿伶俐地说。

"我在一个长长的通道里摸黑行走，黑漆漆的通道啊，一眼望不到头，我怕啊，实在不想走了，不想走。"炕上的那人有气无力喃喃自语，声音像拉丝的莲藕。

"他叔，你要坚持挺住，那是通往天堂的黑，过了这片黑，你会看到宽宽阔阔的大道，还有七彩的好看的光，那些光啊，来自天国，是在迎接你呢，你看你多么荣耀。"

"我不想挺了，也不想荣耀，好死不如赖活着，我给大妞攒的嫁妆还差老大一截呢，后院倒数的第二棵槐树下还有我埋的五千块钱，我得把它挖出来，好多的事情等着我去做。"

"他叔，你就安心地去吧，那些钱都是大妞的，谁也休想拿。时辰不早了，咱不要为难牛头马面，上路吧，据说天上不但有好吃的好喝的，就连房子都是阎王爷免费给指派地，咱劳碌了大半辈子，也该去享享清福了，再也不用为生计奔波愁苦了。"

"是啊是啊，他叔，你引路，我们大家随后就到，反正每个人迟早都会死，到时咱们在天上聚，做鬼容易做人难，干干脆脆的上路吧。"

炕上的那人眉毛一阵抖动，瞳孔拼命的放大，眼角涌出一股奔流不止的泪。

屋子里先是有人在啜泣，接着哭声已响成一片。有人赶紧拿纸巾去拭他的眼角。

二婶附在他的耳畔："安安心心的上路吧，眼闭瓷实了，大妞的嫁妆你就不用操心了，有大家伙呢。"

我听到哭声惊天动地，"呼"地一声，摔碎了的陶瓷瓦罐一声长叹，将他生生地推进天堂的黑。他终于去了，这一次，他没有折身回来。

听说人刚死，魂都会在上空里漂浮，满村子乱窜。我去后院上厕所的时候，感觉毛骨悚然，总觉得有一个黑影在跟踪我。没做亏心事，却不敢回头望，一路小跑，慌乱地奔回开着灯的屋。

那些曾欺侮他的人们怕鬼魂纠缠，分外眼色，他们齐齐地来给他化纸，争先恐后地抢着抬他上路。

那些跟他照面连招呼都不屑打的侄子们来了，他们披麻戴孝，悲愤惊天地为他守灵。

那些多少年见不上面的外甥们聚齐了，请歌舞叫戏班，隆重送行的盛况不亚于当下一场时兴的婚礼。

那些曾跟他亲热的鸡呀，狗呀，猫呀，牛呀，在阴凉处撒欢，摇着尾巴，若无其事地将他目送……

山也还是那道山，梁也还是那道梁，那些路，一道，两道，三四道……

他在烟雾缭绕的黄昏乘着炊烟一路上升。回望时，月亮正从谷垛上升起，和他偷情的虎子妈在无人的墙根偷偷饮泣。羊儿咩咩叫着，正成群结队的回家。村庄如此静美。

可是，春夏秋冬再也与他无干。他深情的看着人世，这地方如此熟悉，又如此陌生，是谁让彼此断了交情变成陌路？

村头的田里坑已挖好。风呼呼。铁锹齐刷刷地别在地里。那些挖坑的人在土堆上蹲了一长溜聊天抽烟。他突然感觉有些忐忑，转身？已是太晚。他真的死了，这是一个真真切切的现实。他有些无法接受。

真他大爷的，都说我升天了，原来全是骗人的鬼把戏。

——他只是被埋在一个大大的土坑里。

2012 年 4 月 11 日

我们，究竟缺失了什么？

2010 年 10 月 16 日，西安古城。

这个日子，于我，只是一个普通不过的周末，可于历史而言，却是闪光的定格。

暖秋，周末的古城，天气异常的热。

大巴走走停停，站立太久的小儿已没了耐性，身体在反复地扭动：妈妈，我累。

揽过他的肩，轻拭掉他额上的汗珠，不断地给他打着气，乖，再坚持，马上就到。这个周末，我答应他，带他去小寨的汉唐书城看书。

原本半个小时的路程，走了近一个小时了，道路被严重阻塞，满车厢的人被困在热浪滚滚的大巴上。我的腿已开始发酸，何况一个孩子？我正纳闷，今天怎么这么拥堵？在周围七嘴八舌的声音里，我才知道，因钓鱼岛事件，西安高校的学生在主干道上进行声势浩大的游行示威。

真是幸运，我手把边座位的乘客站立了起来，无疑，他是到站了。

小儿在东张西望地扭动着苦撑的身子，我扯着他的臂，快快地拽回他游移的视线，这个座位，定会给孩子带来莫大的惊喜。我似乎看到了小儿欢欣雀跃的兴奋。

心里小小的欢快只是瞬息，顷刻，就淹没于车厢的嘈杂声中。我在轻扯小儿手臂的间隙，那个刚刚空缺的座位，刹那已被一个佩戴墨镜、五官秀美的女子抢坐了。我不得不赞叹她的美丽，象牙白的皮肤，海藻般浓密蜷曲的卷发，挺棱的鼻梁，淡红的唇彩，虽然看不清她的眼睛，那妩媚的气息依然强烈。

小儿左右摇摆地扭动着身子，倦怠不悦地噘起了抗议的小嘴，妈妈，我累。

熟视无睹的女子依然美丽，充耳不闻的将头别向了窗外，阳光下，她蜷曲的头发璨璨地泛着亮光。我看不到她的脸，却清晰地看到了墨镜下那双冰冷淡漠的眼睛。

乖，咱是男子汉，咱是流血流汗的男子汉，不就一座位嘛，让阿姨坐，阿姨是女孩，需要男子汉的呵护。我在轻拍着小儿的背。

小儿清亮的眼睛并没有与我对峙，他在死死地盯着脚下，与我相勾的手开始不停地摇晃。顺着小儿的示意，只见一张五元的纸钞，正安静地躺在那美丽女子的脚下，想必那定然是急于抢占座位时，不慎从兜里遗落出来的。

她的头依然别向窗外，偶尔，会回过头飞快地扫视下小儿的脸。

小儿的眼神已在三翻五次地向我探询着。一个世俗的女子，一个浮世的小众，强烈的不悦纵使藏得再深，终究还是不可抑制地听从于心。我绝然地掉转过头，很干脆，一幅漠不关心的样子。

车子走走停停，总算挪到了小寨，跨出拥挤的车厢，身上的汗开始发凉，秋风的光线里，能嗅到阳光暖暖的味道。

妈，你看，小儿摊开他的小手，一张被反复揉捏的五元纸钞正皱巴巴地躺在小儿的掌心。

哼，谁让那个阿姨没有礼貌地抢我的座位，我就是不告诉她，我今天真是幸运啊，捡了五元钱，可以买冰糕吃了。妈，你说我幸运不幸运？小儿的脸红通通的激昂着。

我的背一阵发凉。车厢里，我的漠不关心荒谬地误导了儿子。

我开始鄙视自己。原来，苍天的神灵在远处呢，它在不言不语地看着人间的悲喜，它的眼里，一切的黑暗只是雕虫小技，万事皆有前因后果。

乖，那是阿姨的钱，虽然她是一个没有礼貌的阿姨，但我们不能和她一样没有教养，你捡了阿姨的钱，应该还给她才是，可是现在，已来不及了，不过，妈妈愿给你一个修改错误的机会，我们把这张并不属于我们的五元钱，捐给天桥上乞讨的奶奶，怎么样？

不，我不给，小儿梗着脖子，响亮地说。妈妈，我都十岁了，你打了十三年的工，房子都没的，我同桌小胖的家都买第三套房子了。他家租出了一套，前天还问我们家要租不，妈妈，我当时好气真想打他，可他好肥，我打不过他。我们什么都没有。三月份你生病，没有钱用好药住好的病房，医生一点都不可怜我们，我在他们值班室看到大大的电炉空开着，想给你热热蛋汤，可那个胖胖的医生说，工作重地，闲人免进，我知道，其实是不肯。我只好在医院门口一个卖烧烤的大叔那里给你热。我把你给我买练习本的一元钱给大叔，可大叔不要，还说这是小事⋯⋯

我的心里突然莫名的酸楚起来，一把揽过小儿，眼泪在红红的眼睑里打着圈圈。是啊，十多年了，谁来可怜过我？命运馈赠的，总是没有终结的冬。一样的生命，太多不一样的难题，可是，做人的良知贵为金啊。

我漠然地掰着小儿紧攥的小手，眼神里充满着毋庸商议的坚定，任凭他倔强地执拗，任凭熙攘的人流里，一束束诧异的目光。

天桥上，那个衣着褴褛头发花白的老妇以头抵地长跪不起，她稀疏的白发在秋风中不停地摇曳，豁了口的碗里，抖动着数得清的几张毛票，偶尔，她会翻着浑浊的眼睛，瞅瞅她面前的小碗。小儿在我坚持地教说下，已心甘情愿，他神态自若地将五元纸币轻置于她的碗里，那老妇撩起眼角，冲小儿只是一瞥，便以头抢地，很响亮地，连磕了三个响头，接着，她抖动地伸出干枯的手，将那"巨款"颤巍巍地掖进了衣襟。

我欲流泪，这是生命里最不完美的交响，我心粉碎，这是人生里最黯淡的篇章。中华民族千年授传的至高礼仪，什么时候，已长幼不分地被打了颠倒？小儿手足无措地望着我，而我，心已被碾为粉尘。

　　远处里，隐约地传来高校学生激愤嘹亮而整齐的口号声，"还我钓鱼岛"，"抵制日货"，"爱我中华"，"中国加油"。

　　中日之间的怨恨不是一朝一夕，日本人的眼里，中国是"支那"，是劣等民族，是低等没有素质的，我在想，究竟是什么，让弹丸的小日本一次次嚣张地挑战着大中国敏感的神经？我还在想——

　　我们，究竟缺失了什么？

2010 年 10 月 21 日

我这一辈子

说是清明后会有大型的项目，有就有吧，反正至少现在没有多少事要做。整天里，除了对着电脑装模作样，也会留意身边的人，听他们说话，谈论衣服，化妆品，男人。偶尔也会插几句嘴。我清楚地感觉到自己的衰老。他们总说张姐年龄最大了，最有资格。

我知道我不可能活出比他们更好的样子。再潦倒不过去流浪，再显贵不过有人惦念，人见了，会有人老远就奔过来冲你打招呼。

我只是个平凡的女人，从没干过背良心的事，足矣，我对得起妈妈。我觉得一生已成定局。一个人生活几十载，烟波浩渺，安享孤独，最后死掉。这是多么简单明了的一生。没有比这更适合自己的活法。

我想有一天我活不下去时，我肯定会安乐死。但在我开心快乐时我会尽情高兴，我觉得这样的一生才算完整了，圆满了。

完了就完了，谁的一生都在表演，都是一个故事。

想起村头的那片坟墓，草木枯荣土地翻耕，庄稼收获了一茬又一茬，孤坟见证了历史，直至岁月将它铲平，再洒上四季的种子……谁会记得墓里那人昔年的盛景？

我想我死的时候绝不入土，也不想入谁家的祖坟，这样的死毫无意义，我要让我的儿子把我的骨灰洒至渭水，由东至西，最后注入浩浩荡荡的黄河。

除了儿子和妈妈，没有人知道我是怎么生活的。看着我衣着光鲜，他们总说我拽着呢富足着呢，似乎非得让我像乞丐一样破破烂烂才叫艰难。我不想解释，也不爱给人秀寒碜。小女子有点虚荣，难免叫别人看走了眼。

我每天忙碌，为儿子为事业，从没走出过西安市，死守着几条小巷不放，不知道自己到底在依恋着什么。似乎只有在熟悉的地方，才活得放心。有一段日子也会玩失踪，与世隔绝，没人知道我是死是活。人人似乎都在忙自己的事情，根本没人顾得上你，除了妈妈。我隐秘地藏了几天，觉得无趣，又悻悻地现身。这游戏不好玩。

一回到堂皇的华庭，我就开始发愣，一言不发。这里的夜死寂，令人无眠。心情莫名地低落，忙忙碌碌一天又一天，天黑了。半梦半醒一夜又一夜，天亮了。我的一辈子难道就这么完结？我四下回顾，家族里曾经威望的长者相继死去，他们被一锨一锨的土埋掉，生命瞬间人间蒸发。我是一个旁观者。我在注视小草地疯长。我想人人都会难以逃脱。

在世上走了一圈啥也不是。我是单打独斗对付一生的人。困苦过，迷茫过，最终平静。我在单位附近的地方买了一幢很小的房子，想迎接人生下一个段落。这是我可以撒欢的地方，可以自由的哭泣，开怀的大笑。

我觉得生活有了奔头，梦也愈来愈近,最精彩的都在后头。困乏的躯体飘远，飘远……太阳升起的时候，我睁开眼睛继续看人世，从从容容的晒太阳，等我爱的情人出现。也许等着等着，就死了，再高明的医生也无法唤醒我的身体。

我想当我有资格去死时，我一定要把自己收拾得干干净净，然后像野地里的飞虫一样，突然就飞不动了，简单的死去。然后会丢下这生前所有的爱恨，惹哭几个亲人。我这一辈子终于完结。

2012 年 3 月 27 日

爱过了

　　花瓣零落一地，飘散，堆积，归于泥土，若稚子，了无缺憾地被大地拥吻，思念肆意蔓延，从来没有这样地需要一个人。

　　他是谁？一个我至亲的男子，一个我爱过的男子。

　　他死了，许多年了，老屋隔壁的房里，再也不见他的身影，有关起死回生的梦反复在做，破旧的自行车，发白的帆布药包，黝黑的脸庞，躬耕的背影，轻风消失殆尽，鲜花的祭拜却无法将他唤醒。

　　幻觉里，他只是卜地了，亦或出诊了，总有一天，还会出其不意地回家。

　　他的离开，迅速将我推至成年，沉浮，迷失，不知不觉地，令我从天伦的窗破出，沦为斯世的母亲，他沉寂的静躺乡野一角，无视我天坼地裂之阵痛，他哪知，我多恨他！

　　许多的清明，我没去墓地给他磕头，怕见那些凄凉的荒冢，不忍路人魂断的珠泪，一丘一悲，滴滴，都是相思的雨点。夜黑，流浪的女子半跪在古城十字的一角，拖着不谙世事的稚子，给他烧纸，看凉风翻阅冥币，心碎，父亲，我声轻唤，泪已决堤。

父亲，城很大，比小村喧闹决绝，迷离繁华，只是，没你在前方蹚路，我已南辕北辙，通往故乡的路愈来愈远，风卷云涌，眼蒙蔽，人已迷途。

常想，遥远天际，他定然还是那么年青，永远四十左右的样子。

记忆里，他总是忙忙碌碌一身风尘，天麻麻亮时，早早地出诊或下地，只是有一天，他出诊或下地后，却再也没有回来。天庭里，我不知道他还认不认得早已长大的我，不知他看到那熟悉又孤独的女子，会不会心痛？

他多霸气，没有商量地把我带到人间，此后所有重大的人生抉择里，赐予我的全是孤单。没有他的牵引，一个人孤独的踟蹰在黑暗里，看不到蓝天找不到树荫，无边的愁苦令人沦陷，他怎知，我多恨他，而那个面目全非的女子，却仍会千万次地梦回童年，偎在他的怀里，娇憨地为他点那根羊群牌的香烟……

父亲啊，你可知，我多想你温暖的怀抱，我实在厌倦面对你冰冷的遗像发呆。都说，你正酣眠在咱家的田地里呢，我摇头，不信，总觉得，有一天你还会奇迹般地回来，所以好多年来，我从不去那个荒冢磕头。

他怎么会死呢，他只是出诊或下地去了。

如果可以，我多想如他讲给我的童话那样，只需深深的一吻，便可将田头酣睡的他惊喜般地唤醒。痴人的梦总是胡话，神奇已腐烂，春去冬来中，送走了一拨又一拨的南雁。

多年后，头一次，我跪在他无碑的墓前，风低吼，草长莺飞，云雀在天，袅袅三柱虚烟，我看到坟头莽莽的杂草丛中，摇曳着胭脂带笑的一朵小花。父亲啊，我深深地赏看你，一眼，心已疼惜，捧一抔新鲜的泥土，守卫你田间的孤独，你可知，那一瞬，我多想流泪。

乡间的小路上，看一老一少相挽喜悦的背影，眼已湿润，为什么归乡的路途，永远没有他迎上前来的身影？也没有他将稚子的小手相牵？父亲，我多恨你，我多孤单！

他真是无福之人，竟然没有听到稚子响亮地喊他一声爷爷，常想，如果他活得够久，定会有谁骑在他的脖子上揪他的耳朵，还有谁会在他胡子拉碴的脸上纵情亲吻，任是想像，已痴了，我看到他黝黑的脸上盛开了大团褶皱的菊花。

做了他十五载的女儿，已缘尽情灭，彼此爱过了，三世已过。

像框里，我用棉布细细地拂去他脸上的灰尘，他总是那么年青，堂堂庄严。

不知该如何表达了，我是如此地需要他，他是我舐犊至亲的男子，他是我绝世寻觅的恋人，爱过了，已心心相印。

2010 年 9 月 4 日

夏殇

夏走了，转瞬即逝，咖啡的清香在秋风中散发。浓雾缭绕，我伸出手触摸，手心里一片潮湿。只有我知道，夏一直存在。

那时候的夏是一个活泼开朗的女孩。她的家和我的家隔了许多的街街巷巷。七弯八拐，她总能很准确地摸到我的家门。我们肩挨肩挤在一起翻同一本书，舔同一根冰激凌。光脚，披着奇怪的床单在镜子跟前无声的对峙。两个纯洁敏感的孩子，贫乏的彼此陪伴，简单着快乐着。我很少看见她流眼泪，这个总是清脆大笑甜若樱花一样的女孩。

她的父母感情不和，有时候看她神情内敛沉寂，我会默默。我感知她隐秘的疼痛。

那年初三，面临和夏的第一次告别。她无力抗拒父母的安排，退学订婚。这个说要将来写书的女孩，拿来一个漂亮的日记本给我看，打开，里面写的全是我们在一起的点点滴滴，还有她秘密的疼痛。剧烈的感情里，时间是那么的少。两个不谙世事惧怕贫穷的孩子，不安地沉浸在未知的幻觉里。前路旅途的迷茫掩不住夏一脸憧憬的灿烂，她要出发，全然不知此后命运的多舛。午夜的收音机在反复地吟唱着哭砂，她的脸色开始慢慢地凝重。第一次，我看到她流出了眼泪。她的泪汹涌绝望，饱含着奔流不息的凄恻决绝。在忧伤的音乐声中，我们久久地拥抱着，不忍睡去，以为这样就是拯救了彼此的孤独。窗外，是漆黑的夜。

我们都还没有长大。对于分别，我感觉盲目，无能为力。后来在没有夏的很长时间里，心一直耿耿而无法释怀。

夏住到了镇子里的婆家。我们从此很少见面，却会写信。这个喜欢写诗的女孩，她说她将来要做一个诗人，她要让所有的人见证她的疼痛。她的文字忧伤细腻蘸满思念，信末，总会暧昧纠缠地说，我爱你。那段岁月里，因夏的诗歌，我的青春散发着久不散去的清香，其实现在看来，它宛如我的初恋。

我迁徙到十几里外的高中去就读，很长的一段时间里，我们失去了音讯。此后的某一天里，她骑着单车一路打听，突然地出现在我的学校。这个曾经丰满圆润的美丽女孩，不知道经历了什么，变得瘦高，憔悴，曾经的一头长发已经剪短，眼神里泛着不易察觉的颠簸，我们惊喜的沉默一径的微笑，推着车，在风里豪迈地行走。灼热的夏风里，我们倾诉着对彼此的思念，毫无距离。

她说她的男人淳朴而坏脾气，她说她在镇子里的一个厂矿里平淡的工作。她还说，她一切都很好。其实后来我才听说，她嫁的那个男人天性暴戾，折磨夏的手段很残暴。

告别的时候，她赠我一本厚厚的裹了封皮的书，是路遥的《平凡的世界》。并一再嘱我，要好好读书，要读大学。她的表情坚定沉默。我读懂了她要说的话。心里淌着清清的水滴，别样的温暖。晚上睡觉的时候，我从枕头下翻出夏偷偷留给我的信件和零花钱。她说你不要担心贫穷，我想我会给你。那一瞬间我百感交集，我满怀激情感觉很温暖。我想长出翅膀，借助着夏的诗歌悄悄的成长。

期间，回到家时，母亲会告诉我关于夏零碎的消息。读书耗费掉我大量的时间，不能归家的节日里，夏就是母亲的另一个女儿。她知道我没有父亲。那些传统平常的佳节，她会带着水果陪我独居的母亲拉家常，帮母亲做繁琐的农活。她用另一种方式表达着她的感情，证明着她一直存在，没有消失。

高考完毕，当母亲告诉我夏因难产而逝的消息时，我将自己关在黑漆的小屋里放肆地哭泣，我记得那种心要撕裂的疼痛。那一刻，我知道好多的话再也无处倾诉，我的孤独再也发不出声音。我挣不开夏的缠绕。我无力翻身。我的心从此停止生长。

我一直在黑暗里穿梭，顺从命运，没有悲喜，遵从于自己内心的声音。她一直存在，她没有消失。她依然带来巨大的安慰。蒙昧纯真的女子，拒绝成长的人生无疑是毁灭的，可我已不可救药，我愿意为此付出代价，毫无怨悔，即便这代价失去理性没有回报。

多年之后，整理书橱，翻到那本《平凡的世界》，觉得那裹着书的厚厚的封皮太过陈旧，就想将它卸掉。拆开封皮的瞬息，我的大脑一片空白。封皮的夹封里，藏着泛潮的三百块钱零钞，还有一张发黄的诗信。重读十多年前的信件，宛若夏来自天堂的消息。信里说，那是她的工资，她给我攒的用来上大学的第一笔费用。有谁知道，上个世纪九十年代初，那个贫穷底层的乡下女孩，她一个月仅仅 50 多元的工资。那一刻，我蹲在墙角拥着那厚沉的书，在深不见底的寂静里哭得稀里哗啦……

秋来了，枯黄的落叶轻盈飘落，昭示着夏的别离，夏的一去不复返。惟夏独殇，大风呼啸，秋里传递来夏的声音，那么清晰，似夏婉转的告别。

我让风捎去我的信息，说，我曾多么的依恋，我的确想念你。

2011 年 10 月 10 日

家

生活全新。两个人，便是一个家。

租住了房子。花费了大量的时间来收拾我的新家，墙面洁白，焕然一新。买冰箱时，顺便在花草市场，购买了一大捧红色的鲜花插在花瓶。我一直在琢磨，要不要再买几条金色的鱼回来？我希望我的房间充满生命。这样的空间给我带来无穷的归属感，我感觉幸福。

现在的生活，与过去无法比较。我给妈打电话，说我开始全新的生活了。我说每天会按时的上下班，自已做饭，逛菜市场，给儿子准备早点，打扫房间，听爱听的纯音乐。

欲望指引着我的梦想，坚定着我的意志。其实我只是想过一种无拘无束相亲相爱的生活，可是很遗憾……我想无论未来遭遇什么，我已能坦然面对。心情不再跌宕，人也不再颓废。

失眠的日子很快过去。伤感不再无法自制。瞌睡总是那么的多，在公交车上，都能睡着，似乎累得一塌糊涂。脱发有所收敛。

精力在渐渐地回升。发现自己解脱，身心愉悦。

早上七点钟的时候，按时叫醒小子。他的身子在床上扭动，然后起来穿衣服，洗脸，抓起桌上的牛奶，背着书包去上学。我们一起出门，手牵手，更像一对情侣。风萧瑟，迎面，心却毛茸茸的温暖。

工作是我所热爱的，压力令人焦虑困乏，就算繁琐，依然充满情趣。说是白羊座女子疗伤的场所是办公室，我感觉一针见血。激情高涨地结束一天的工作，去华融万家买东西。超市拥挤，推了购物车，纸巾、酸奶、排骨、芹菜、土豆都往里面放。结账的时候，两大塑料袋。未出超市，手已被勒得生疼，一道一道的红。回家，走走停停约两站路，穿过人群，越过报刊亭，银行，小区。

气喘吁吁地爬了六层。我拿出钥匙开门。小子从他的房间里探出，赶紧接过我拎的袋子，欢快地拥抱住我。他的脸埋在我的脖子里喃喃自语，老妈，我心疼你。我闭上眼睛，没有发出任何声音。我想起那天我说我似乎生病了，小子把他的脸贴在我的额上，又用手抚着自己的额，装模作样。

挽了袖子，我开始在厨房里忙碌。老旧的厨房简陋，四面透风，二月的天气里，还是感觉有些寒意。先给电压力锅里接水放了小米，煮粥。然后择菜，清洗，切碎，下锅。窗台上放着索尼爱立信音乐智能手机。一直来，我选择的手机一定是音乐手机，要不是 OPPO，要不 Sony Ericsson 。我对 Sony Ericsson 这个品牌还是有所偏爱，也许是因为它的名字。索尼爱立信，简称索爱，和它的主人一个德性。

一边做饭，一边听手机里轮放的音乐。放的都是一些老旧的歌曲，或者纯音乐，音质质感而纯美。煲的汤似乎快好了，咕咚咕咚，飘散着清香。扭小了火，倚在厨房的门边，透过窗户，看天色渐渐变暗。

吃饭的时候，小子总是猴急迫不及待，连呼美味。说老妈你做的饭饭真好吃哦，发誓绝无戏言。只是有一次，他说你是不是在做咸菜，怎么老放那么多盐？

吃过饭，我洗碗收拾厨房，他在他的房间安静地做作业。然后，我们会一起背诗做题争论，他也会热火朝天地给我讲幽默笑话。我假装而夸张地大笑，他会更加来劲。

9 点时，他按时上床。剩下的是属于我自己的时光。这段时间里，我会看书听音乐，也会突然新血来潮的打开电脑对着麦为自己录歌。夜很安静，让我清醒，让我窥见自己裸露的真性情。我感觉世界死寂，所唱的歌似灵魂里发出的呻吟，支离破碎，情趣而灰暗。

这是我平淡琐碎的生活，似发不出声音的水滴。我喜欢这个家。这是属于我自己的家。

2012 年 2 月 28 日

北方江南

　　去往凤县的越野车在山路上七绕八拐着。出差。能够突然的抛弃生活的琐碎和庸碌，偶然的转换视线，真是令人惊喜。我感觉内心里洋溢着莫名的激奋。

　　除了司机和我，其他的人在颠簸中昏睡。向来，与同事总是保持距离，也无任何兴趣或关注，并有愈演愈烈的趋势。不喜欢刻意靠近以求融合。我的冷淡和漠视令自己愈来愈孤立。所以每次出差的时候，会加倍的感觉孤独。我把注意力放在一个小小的世界，耳塞里的音乐中，白纸黑字的阅读中，目光所及的自然中。我知道，其实我根本不懂什么人情世故，有点惧怕交流，并对所有的人心存戒备。

　　车子在不知疲倦地奔跑，透过窗玻璃，浮云半空，秦岭山脉线条简洁，翠绿潮湿，雾气在山顶萦绕，云朵甩之不去，一团一团。感觉很神奇。天气总是不会按人的意志而来，刚刚还亮亮的天像换了布景，以灰暗亮相，云层渐厚，寒风飕飕，飘来一些零星的雨。

抵达县城的时候，已是午后。衣着单薄得瑟瑟，尽管如此，还是兴奋，似乎忘了冷冷的山风。

陌生的地域，第一印象实在令人大开眼界——那种很江南的美感。我被深深的震撼。这座北方的江南地理位置独特，北倚秦岭山脊，南接紫柏山，属半湿润山地气候，四面环山秀美大气，城中间横贯一条宽阔的嘉陵江，江水平静温柔，暧昧地泛着俏皮的光。气势巍峨的山脉像个伟岸的男子，江水是他柔媚的女人，他环臂拥抱着她，深情静默。岸边樱花朵朵，绿枝掩映瀑布飞流，龙船彩灯交相辉映，斜阳绿树棵棵含情，人民法院，财政厅，旅游接待中心，五环体育场等都在目光所及的江岸中矗立着，于日光下，散发着浪漫而现代的气息，我被其独特的张力深深包裹，花痴般的快感，出现幻觉，不动声色的体会着这方水土的魂脉，并深陷其无边的魅力之中不能自拔。呵，人间天堂，我只是意外撞入的流浪者。

在凤成大厦被地方领导隆重的招待。真是自惭形秽，直到现在还是对应酬一窍不通，始终。其实吃什么并不重要，可除了闷头吃饭还是吃饭，实在躲不过时，强迫自己假装快乐地碰酒。看他们觥筹交错，亲热的像久未谋面的知心老友。见怪不怪。不再感觉诧异而突兀。也许这就是官场。其实我知道，因业务关系，在座诸君只不过是头一次照面。

也许在很多年之后，彼此会遗忘对方的脸。没关系，这些丝毫损毁不到此刻酒桌的高谈阔论。

饭罢，去当地的政府部门交流学习。满心虔诚，姿态专注，仿佛之前浪费了大片光阴，现在要充分地利用。既是取经学习，就要对得起领导的栽培，意识还是清醒地，内心的空洞需要填补。

黄昏的街道本应逐渐沉寂空落，相反，大批大批的人流朝街上涌。迷惑间，才知道夜晚来临时，这里的人们会自发地走上街头跳民族舞。当夜幕彻底降临时，光怪陆离的灯光下，河堤上还会有大型的水上表演。

面容沉寂，心里已在快乐地尖叫。街上，一堆堆的篝火已经燃起，无人疏导的队伍整齐有序，舞者眼里燃烧着激情的烈焰，于优美的旋律中，叉着腰，有节奏地蹬腿抻腰，神采飞扬。我混在队伍里，本来被时光磨损得已经黯淡的眼神璨璨发亮，真爱流转快乐莫名，恍若未成年的孩子。

乐观的人心中都会有一个太阳。我想，舞蹈应是他们日常生活神圣不可缺失的一部分吧。

细碎的微笑里，动心动容，满心充满激荡。我看到小人物的气度，看到另一种完全不同的全新的生活方式和价值信仰。想想那些疲于奔命信奉形式的人们，像蚂蚁一样在都市忙碌，他们深藏不露只爱自己，为金钱相互损伤，物质浮靡精神贫瘠，从不在意别人是否伤心或难过，当心变得坚硬时，梦想会逐渐的熄灭，幸福会沉寂，人心隔离，世故忧伤，这是大城市生活必须付出的代价。

我想只有这样的小城才是平凡人的天堂，是世外桃源，是一个可以在红尘中放飞寂寞的好去处。小城的低调给这里的人们带来稀少而珍贵的品质，他们尽情地挥洒着自己天然的纯真，于岁月中，快乐地雕琢心境。

　　驻立江边，凉风习习，俗世的女子，肆意的体味小城的神秘。发生过的和还未发生的，全部抛到脑后。内心如此纯净。远山的星星漫天闪烁，洒落一江的光泽。月亮躲在世界的角落，清冷诡异，把红尘的心事收藏。这个世界如此安静，神奇而充满魅惑。

　　北方江南，听说八月，是你最美丽的季节，我想我还会回来，会与你真实而亲密地拥抱。

　　美哉，再会。谢谢你，凤县！

2012 年 4 月 21 日零时

冷

这冬天，太过漫长。夜，如此之静，魅惑的气息渐至浓愈。

床头柜上的台灯泛着暧昧的光，若情人的眼，幽幽地望着我，脉脉挑逗。音乐不知疲倦，透着委屈，落寞地冲进心扉，温柔地入侵，将心事撩拨，碾着静谧的夜。

躺在床上，百无聊赖，翻了几页书，看不进去。隔壁的小儿想必已入睡。手机静静地握在手心，似长时间沉默的爱人。拿起，一遍遍地翻阅，想找谁说点什么，努力了半天，拼不出一个完整的名字。

告别了一个阶段，仿佛从繁华的都市，一下子进入了一个清静的小村。这样的宁静让人很享受。那些热闹的场景，只是裹着糖衣的糟粕。早该丢弃了。

十多年的青春，应是每个女人最深厚珍贵的岁月，应有许多怀想与牵扯。而我呢，却是混乱逼仄，是内分泌失调、脾气暴躁。疼痛，那种彻骨的疼，决绝的痛。离开，像一片叶子一样，宁愿腐烂。当痛被抽离时，为何如此茫然？前路的黑暗深不可测，我突然觉得冷，轻若羽毛，轻飘飘地，没有着落。

寒冷的下午，去国美买冰箱。头一次，对千瓦时容积率线路有了些微的了解。知道了不同品牌的冰箱一天的耗电量是多少度。天阴沉沉地冷。怀抱着从市场上买来的一大捧花，福字中国结，还有厨房里新添的瓶瓶罐罐，大包小包，挤车的时候，感觉很狼狈吃力。

回到家时，天色已暗。淘净了小米丢进锅里。然后去烧热水，洗澡。厨房里洋溢着小米的清香。淋浴的热水顺着脸往下淌。脱发是一把一把的，愈来愈严重了。抬头，闭着眼睛，感觉到自己寂寞的呼吸。我本是个快乐的人，不知道何时起，开始沉默。一个沉默的人心会恐惧。

下楼，去接那个送货上门的老伯。他一把年纪了，头发花白，裹着厚厚的军大衣，熊掌样的笨重手套，于寒风中，开着一辆破旧的"蹦蹦"。当他喘着粗气躬着身子背着巨大的冰箱一层层上六楼时，我手忙脚乱却搭不上手。心隐约不安。一路小跑地前奔上楼，泡茶，削水果，似乎只有这样，才能感觉到心的安宁。

客厅里，老伯在独自地拆卸着那庞然大物。我突然觉得自己无用。

我递热水给老伯喝。他很有耐心地教我冰箱如何使用，注意事项，一些小常识。又拿出一堆小玩意儿，说这是置放鸡蛋的，这是给你家小宝贝冻冰块的。小子喜欢喝加冰的可乐，对于这个可以用来冻一颗一颗冰块的小玩意，我饶有兴趣。我想那些握在掌心的一粒一粒的冰块会给人带来诡异的快感。

这是人海里一个素不相识的陌生人，他的笑容憨厚，他让我瞬间快乐，他让人陡生暖意。一个能带给你短暂温暖的人，你的愉快会立马受他控制，也许三分钟，也许是一分钟，这样的感觉令人惶惑。

"蹦蹦"在寂静的夜色中喧嚣地开向黑暗的前方。我的世界再次死寂。

问情情切，谁懂此结？一直以来，总以为自己是坚强的，有力量的，可以承担凄风冷雨，可以忍受寂寞。一个人奔波了整个下午，没人陪你，没人依靠。原来坚强都是自欺欺人。我不但骗取了他人的信任，也骗过了自己。我只不过是一个再普通不过的小小女人，普通到也需要一个人的庇护，需要一个港湾，一个怀抱，甚至于，一句温情软语的话。原来我没想像中那么坚强。我戒不掉女人天生固有的软弱。我感觉惶恐而惭愧。

常想，此生注定孤独。一朋友说，天上原本就有"天孤星"的，或许你已下凡，而我是天孤星上来的看客。一瞬间，我笑了，眼泪把心脏淹没。我想我应该过正常的生活，这种非常态的生活状况我应该摒弃。

这是我自己想要的生活方式吗？冷，用被子将自己紧紧的包裹。睡觉的时候，想握一个人的手，而不是手机！

2012 年 2 月 16 日

年

年走了。鞭炮欢送，以它的方式离开。世界转瞬冷清。

小子黏在我身边的时候，叽喳琐碎。那是一个精力非常旺盛的男孩，汗珠总是微微的渗出，黑漆的头发湿湿的搭在额上。他那么大了，我再也抱不动他。他是我的支撑所在。

他帮我收拾行李，把照片书籍一一地整好。他纤细的手指默默地抚平书籍的褶皱。某一瞬间，我感觉他是那么的孤独。我想他应该有一个健全的家庭来获得安慰。

罢了罢了，他终究会长大，会明白人生也会有不尽如人意的悲剧。

心里的残骸依然刺痛，我必须离开。头一次，我带他回老家过年。

我说，来，帮我拎包。他说，好，女人真是娇气。我回头不悦地瞪他，抚摸他头顶的发，掉转过头。他嬉皮笑脸地掂过行李，默默地跟在我的身后。

老妈，我知道你是爱我的。他阔步向前，小心翼翼地揽过我的腰，趁我不备，一把就将我圈进他的怀里，分外亲昵。这个比我高出半截的少年，看起来若无其事。

北方的干冷大片地蔓延，踩在冰天雪地里，靴子沾满了泥土，裤脚零落不堪。呵，故乡，这片与城市没有任何关联的土地。

天空阴沉，似曾相识，在这城乡衔接的雪地里，相貌平常的女子，眯着眼睛，听风的声音，对相机微微地笑。宛若死里逃生的人，忘记了日月。趁着兴致，逆风，给远方的友人发彩信。有人在意你惦记你，无关真假，已是心喜。状态若即若离，保持距离，再也不用在黑暗里哭泣。

心忍不住笑了。幸福哪怕瞬息。

年三十，鞭炮此起彼伏。三个孩子跑前跑后，在兴奋地燃着烟花。吃了年夜饭，发了压岁钱，一个人缩在被窝，周围一团漆黑。心在暗夜里惶惑地跳动。这个团圆的夜，突然觉得如此孤独。不知几时睡去，看见了少年时的自己，空荡荡的院落里桐花朵朵，一座一座的麦垛在打谷场上庄严肃立，父亲的背影在黑暗的行程里渐行渐远，洁白的床单上血染着大朵刺目的花，充沛坚定的恨盈满胸腔。醒来时，心脏剧烈地疼，眼眶里一片湿润。

我是谁疼爱的女儿？我是谁手心的宝贝？说过无爱，却依然对爱计较。终究是寻常女子。

就这样蜷在被窝，与世隔绝，蓬头垢面，从初一至初四。间或，小子会跑回房里吻我，夸张地一脸惊呼，I 服了 YOU，老妈。

他离开，掷下大片的空白给我。感觉孤独在一点一点地侵蚀，破裂，直至静寂。阳光明媚的女子，尊严总会被夜折服。喝上三两椰岛小酒，隐秘的情愫澎湃汹涌。内心惘然。抱着电话，说自己想说的话，做自己想做的事，不必克制，恣意纵情。静谧的夜混杂着呼吸和心跳。其实只是一个人，气氛已被自己演绎得极为热烈。

年初五，辗转回城里。长安大街人头攒动，华贵的跑车，妖娆的女子。站在太阳光下，脸正对着太阳，跟远方的一个小鬼煲着电话。大街上一片金黄，怀着对光的谦卑，靠近它，融入它。这时候的语言令人沮丧，理智，清醒，仰起头的时候目光闪烁，不像夜晚，会词不达意、思绪迷离。

灵魂在不断地分裂。心脏还有多少空间？白天的自己与夜晚的那人截然不同。是否算一种病态，不得而知。

觉得有点想他了，就跟他打电话。我说臭小子你是不是光顾疯玩早把老妈忘得光净了，他略微迟疑，那端狂笑，老妈果然英明，恭喜你答对了。还未回过神来，他的甜言蜜语蜂涌而至。老妈，我爱你八辈子，这是第 1857 次说我爱你了。老妈，我最喜欢你骂我了，你骂我的时候我特舒服。老妈，你做的饭饭最好吃了，老妈果然宝刀未老天下一绝……听着小子煽情的话语，满心柔情。临毕，依依难舍。一腔的怨早已抛至爪洼国外，我说再见宝贝，你是我的小狗。他说再见美女，你是我的狗屎。悲催，臭小子。他的眼里，小狗的最爱原是一堆干巴巴的臭狗屎。

在这浮尘浪世里，他是值得我付出的男子。我的目光从来不曾远离。这是一场赌注。

年走了，世界冷清，生活很快地步入正轨。坐在办公桌前，感觉熟悉。听陌生的人寒暄，互道新年祝福，始终真诚，一言不发，与人格格不入。依然。

2012 年 1 月 30 日(正月初八)

蒲公英的种子

我不能想像我过的日子。一次又一次地被人颠倒着是非黑白，种种不是，都是我，都是我。我终究只是个外人。在这个自私冷漠的家里，我什么都不是。

一败涂地的十三年，该画上句号了。

我们无爱，却神奇的结合，我曾渴望相爱，希望却很渺茫。期许的爱情，只是神话。可是这么多年来，我依然没有离弃，我想我在隐忍在坚持，为了儿子，我只求相依为命。

真是蠢，原来嫁人时不仅仅是嫁给了一个男人，更是嫁给了一个家庭。我那口碑甚好、精力旺盛的极品公婆，热心肠地包揽了家里大大小小的家务，小到侍候孩子系鞋带吸墨水，大到我们夫妻同居或分床。更为离谱地是，打着抚育孩子的旗号，他们强势地控制了老公所有的经济收入。我憎恨那种毫无节制的居高临下的轻视，更何况自己的道路被他人胡乱的指挥。内心一片漆黑，被一种浑浊的窒息感袭击着，缠绕着，抑郁得无法发出声音。霸气的操纵或掠夺令人沦落颓败，我变了，变成了萎靡不振、名副其实的聋子哑巴，而他，只有唯唯诺诺。除了忍受，我无能为力……

我与他始终保持着距离，眼前的男人，散发着腐朽的气息。他似乎与我一点关系也没有，他是一具没有思想的橡胶，他令我的神经麻痹全身疲软。从骨子里我可怜他，看不起他。我对他近乎残酷的冷漠。

也许永久的沉默会换来持久的仁孝和谐，原谅我，恕我不能。我无礼地惊世骇俗着，无所顾忌地粗鲁着，随时准备点燃可能要引发爆炸的巨大灾难。随波逐流的漂泊者，心里裂着一条条残破的缝，痛得要出血时，就以抗争来填补。我突然一点也不顾惜了，其实从某种程度上讲，既然是对手，就要正面交锋。

花瓣飘落如雨。他说，我们散了吧。听到这句话时，我突然发现自己的心是在痛的。淋浴花洒的水激烈地喷射，深深地纠缠和伤害已无法化解。十三年了，我其实只是个外人。我认输，我将放手。

劳燕分飞时，母燕如何能丢下她的乳燕？可是在这座空空如也的城里，除了雏燕和沉重的债务，我一无所有。我俯在熟睡的儿子的身边，那些付出，那些内心深处不能示人的伤痕像潮水般不可阻挡地汹涌，心里的疼痛泛滥成灾，生离死别的泪打在他稚嫩的脸上。

十多年了，我一直在唯恐失去儿子的恐惧里隐忍着，在漫无边际的黑暗中久久地徘徊，只有拥抱陪伴着儿子时才感到幸福。可是今天，我终将失去。

我像那风里漂泊的蒲公英的种子，惶惑间不知飘落在何处，害怕和恐惧包围着我，我怕失业，怕一个人流离失所的流浪，怕……

竭力克制自己，轻轻地用手擦掉泪水，跟自己说：It is nothing! 既是蒲公英的种子，落在哪里就在哪里生根发芽！

2011 年 12 月 16 日

感恩母亲

母亲摔了一跤，胳膊骨折。接到消息时，已是一周之后。她总是这样，不舍得让我担忧。

出差回到西安，捱到周末，携小儿急急地奔回家。到家已是午后，满院萧条落寞，心痛不已。继父的腰椎不好，卧床不起，母亲又在雨夜摔断了胳膊，严重骨折。只有小妹请了一月的假，照料生病的父母。

看到生病的双亲，不敢直视。哽咽着轻唤一声妈，泪已婆娑。

妈总说我长不大，二十好几的人了，老像个孩子。我慌乱地擦拭着失控的泪迹，笑。

生居乡野，心志纵横，箭在弦上，默而不发。白羊座的忧伤总是在笑容里。的确如此。

不知从什么时候起，除了工作就是躲在阴暗的角落里嗜睡，似乎也忽略了孩子。我竭力地逃避着，逃避着无法触摸的颓废的现实，脱离尘世的结果是什么？是驽钝，是随波逐流。想起国庆假期前的那次例会，领导的含沙射影，同事之间的心照不宣。我一言不发脸色倔强。夜深的时候，我闭着眼，在被子里默默地哭。我跟母亲打电话说，我累了，我一天也不想工作。母亲静静地倾听，任由我的宣泄。亲情啊，总是那么的没有原则。

母亲没读多少书，所以一心要供一个读书的学生出来。在她的眼里，我俨然博学体面，她很欣慰。然而我却着魔似的迷上阅读，穿越古今，接受被抛弃地嘲弄，执拗的离群索居。

平日里，我是妈妈的好女儿，儿子的好妈妈。黑夜来临，我在无助的寂寞间徘徊挣扎。时光的素笺里，我是青春的傀儡。我想有一天，我会选择最急速的方式死去。白羊座，一个残暴自虐的星座。我逃不开宿命。

妈妈，对不起，女儿让您失望了，我没你想象中的坚强。

我在母亲的的柜子上发现了一本相册，里面是我和母亲近年一起旅游时的照片。在这有些寒意的初冬，我一页页地翻看，心里荡起涟漪，温情在涌动，就像那浑然未知的胎儿，用胎动来证明母女连心。

夜风很凉，乡下的温度很低。屋子里没有开灯，黑漆漆的，只有收音机在母亲的枕边"嗞嗞"地响着。母亲用另一只完好的手紧按着我的被子，将冷冷的风隔离。混乱堕落的思绪被母亲干瘦的手所温暖。故乡的夜啊，奢侈的安慰，即便是秋天的树叶，也再不会憔悴。天茫茫，路漫漫，母亲的老屋，原来是避风的好去处。

近来频频腰痛，总感觉直不起身子。临别时，母亲再三叮嘱我一定要去医院拍个片子，至于她自己，不必惦念，骨骼正在逐渐地恢复，已不再疼痛。我嘴里应着。她的影子，小了，淡了。

我斜依在喧哗的车厢窗口，一遍遍反复地听同一首歌——《情奴》：

我中了你下的毒 / 我陪你一起上路 / 我做了你的俘虏 / 我心就归你所属 / 这日子今生不会出头 / 是老天安排 / 我做你的奴……

思绪飘得很远，心事阑珊。飞扬的是旋律，痛楚的是心灵，就连呼吸也是那么的疼。灵魂是多么的脆弱，总是难以承载忧伤的甜美。喜爱的音乐，只是情爱的挽歌。谁解情下的毒，人又有几多？

不再烂漫的年纪，该清醒了。爱情是刽子手，我只是你的囚奴。

阳光暖暖，放下了。亲情啊，多么汹涌的依恋。绝望与希望同在。

感恩母亲，唯愿天下所有的母亲安康。

2011 年 11 月 21 日

出路

天还灰蒙蒙的时候我起床。儿子还在睡，我吻他。走到大街上的时候，有点凉，落叶在满地打转。天空混沌不清，今早的雾气不是很浓。穿过楼下窄窄的石板路时，旁边的灌木里探出一只小小的脑袋，一只无家可归的流浪猫在无辜地望着我，他的眼神穿透我的心脏，掠过我悚然心惊的孤独。

雾濛濛的天挤了两滴泪，间断地，打在我的脸上。

街上，行人倒是不少，大都是起床很早的上班族。耳朵里习惯性地塞着耳机，因为我不知道我应该想谁。我需要有声音和我交流，哪怕只是把我的耳朵填满。蜗居在城市的夹缝里，没有拥抱，没有亲吻，那个我所复制的孩子，是我唯一的男子。

想着要去远方，因为心里有信仰的爱情。我想是爱。我热爱它，只有爱才会让人感觉到安全。别人的眼里，我很颓废，总是旁若无人地暴露自己的孤独或绝望，其实这么多年来，我一点也无法遗忘。我相信爱情，我依然充满希望。

我在时间的流失中不停地穿梭，我在寻觅，寻觅那被摧毁而令人短暂快乐的始末。我虽然如此坚持，结局却以急促绝决的姿态不欢而散。眼泪温热地打在我的手指上，尘埃落定，我依然留在原点，我只是太过寂寞。

　　我在车上站不稳脚。大巴的司机是个脾气暴躁充满压抑的人。他总是不停地紧急刹车。堵车时，车厢里的空气让人难受。走走停停近一个小时，我才到站。

　　坐在办公桌前，泡了杯绞股蓝的茶水，打开电脑，内心里一片迷惘。除了常规性的电话，我想我一整天的时间里几乎不会和任何人说话。

　　今天单位很安静，电话也很稀少，似乎一阵狂风，卷走了我所熟识的新朋旧友。伏在办公桌上，我埋着头，心无旁骛地翻看着手机。我想我是患上了网络综合症。身体里弥漫着大麻的毒，和同事相对无言，困乏疲倦地呵欠，无所顾忌地粗鲁，，孤立无援地随光线起起落落……一切，都不重要，我只是感觉孤独。

　　午饭的间隙，一个人坐在公园的椅子上，闻植物散发出来的味道，看城市的天空被薄雾缭绕，将自己置在花团锦簇的中央，清净自在。

　　其实我很希望自己能够快乐的生活，岁月流动，内心怆然，世界依然一成不变的死寂着。我愈来愈感觉到不安。多少年来，我一直窝在这个城市的同一个地方不敢离开，对于熟悉的街道只有那么几条，我恐惧改变，害怕流离，懒散安逸的生活让我几近残废，我厌恶这样不负责任的人生态度，我感觉无力，一任虚无吞噬着我不会重来的生命。

我不爱这样的自己，面目全非，我把自己耗费得太过彻底。

下班的时候，我想去干净明亮的商场刷卡。这一天，我感觉心情极度抑郁。那些漂亮的裙子做工精美，我想在我抚摸它的时候，心情一定很是愉悦。我从不回避自己喜欢物质的事实，它给我安慰，它填补我生活的空洞或贫乏。

一切都无恙。累，只是突然间感觉到累。无人能进入我的孤独，我只有一个人继续走自己的路。我知道的，没有出路。

2011 年 10 月 12 日

北方冬夜

　　2012年元月，干冷的北方某城，风凌厉，雪花在空中呼啸地打着转转，火车站很清冷，显然，这是个孤独的小城。阿紫，她迎上来叫她的名字，目光温柔的将她覆没，她笑，眼里婉转着不易察觉的拘束。陌生的人流里，她们只是平静地对望着，无声而欢喜，与平常南来北往的人们没有任何两样。

　　她记得琳的声音，温情的，带一点点调侃的语调。多少个无眠的午夜，她的声音通过电流一遍一遍的将她抚摸，直至手机从耳畔无声无息地滑落。此刻，她真实地站在她的面前。

　　阿紫，这个穿着随意的女子，不是很漂亮的那种，一脸倦容的安静着，她怀着无比坚定的决心，打着简单的背包，千里迢迢，从南方至北方，只为赴那蓄谋已久的约定。

　　天上飘着丝丝的雪花，一朵一朵的，很干净，落在发上脸上，凉凉的。紫，我帮你拿包。琳接过背包，跨在自己的肩上，并随手伸出胳膊，拦了辆疾驰而来的TAXI。两个人弯腰钻进车里，才感觉一些暖意，她转头望琳，露出白白的牙齿，羞涩地笑。她凉凉的手指被琳悄悄地捏在了掌心。调频收音机里的男女主持在一唱一和地嘻哈对侃，司机不耐烦地换台，TAXI 一路狂飙。

安顿好住处，夜已拉开了序幕。两人随意地吃了点东西，早早地返回房间。

也许子时降生的孩子都是前世有憾的幽灵，所以才会如此热烈地迷恋着夜，夜的魅，夜的魔，夜的艳，夜色的弥漫令混乱一天的思想渐渐地趋于清醒与兴奋，刺白光下的索然乏味荡然无存，夜就是白天，白天就是夜。

洗了热水澡，才感觉到体温有所恢复。两个人分别坐在床上，安静地拥着被子。

琳，你不是最想知道一些故事么，那么我讲给你听。

另外一张床上的琳沉默地点头。整个房间黑暗沉闷，温暖安静。

他叫铭，在一家通讯公司上班。他是我第一个爱上的男人，爱了四年的男人。因为他，我迁徙到他所在的南方城市。

每天，穿着铭宽大的纯棉衣服，在空荡的客厅来回晃荡，抱着抱枕，悠然地看一部部盗版光碟。饿了，会煮碗泡面打发肚子，累了，就爬上床塞上耳机，听摄人魂魄的音乐。只有在晚上时，才会兴致盎然的做铭爱吃的红烧土豆。

于男人而言，也许事业比爱情更具有诱惑，他们逐渐地变成商业社会里雄性勃勃相互撕咬的动物，乐此不疲。每个凌晨的午夜，他才拖着疲累的身子回来。那时候我睡得很不踏实，他让我疼痛地忘记了自己的寂寞。我感觉他的手抚了上来，几乎是瞬间，所有的克制与不满突然崩溃。当一个深爱的男人吻一个女人柔软的肌肤，舔吮她眼角咸湿的泪，抚摸她潮湿的头发，你知道那会是什么感觉？所有白天的空虚在他大手的熨帖下一扫而散，她的臂会像蛇一样箍紧他的脖子，她的脸会像花儿一样绽放。

紫端起床头柜上的水杯，浅酌了一口，米黄光线下，她的脸柔情而恬静。

我曾以为这样平淡的日子会是地老天荒。我那么地爱他。我以为，他会如我爱他一样爱我。

她忽然感觉到眼里有泪，伸手抚上自己的脸颊，温暖的眼泪滴落在她的手心。几乎是瞬间，琳已光脚跳下自己的床，无声地拥她入怀，阿紫，阿紫，傻孩子。

她将头深深地埋进琳的臂弯里，琳，你知道吗，那天我去他的办公室找他，打开他的电脑，我真的不是有意。那些还未来得及关掉的热烈的暧昧的话刺激得我两腿发软，那一瞬间，我感觉到窒息眩晕。我原以为，和他在一起，既不图他钱也不图他工作有多体面，我怀着对爱情透彻的领悟，给他洗衣做饭，也因为这个，他很多时候都很疼我，而我因为爱他，也总是忍让着他的许多坏脾气。那时候，世界上最动听的语言就是每天上班前，他总是边换鞋子边大声地叫着，紫，我要上班了，来，我的宝贝，让我亲一个。

我以为我们会这样一直过着平凡快乐的日子，过着没有太多奢侈而平静的日子，过着这样小磕绊却也幸福的日子，一直一直下去……琳，因为我爱他，他给予了我许多幸福的印记，那些幸福的瞬息在支撑着我，第一次慌张的拥抱，第一次拘谨的亲吻，第一次温柔的疼痛，那些反复咀嚼的瞬息让我忘了我自己，我只记得铭需要我的照顾……

可是这一次，我想我真的应该离开了。背叛，爱情多么残酷。

一个人走在清泉路上。手指随手一摸，总是一脸的泪迹。街上人很多，沃尔玛的广场上音乐魅惑，华丽妖冶的女子在露天的T型台上款款摇曳。看了一会儿，转身离开。拿起手机看，他的电话在不停地响。

电话里，他的声音焦灼，紫，你在哪里？我不放心你，很担心你。我们结婚，马上，我要牵绊着你的灵魂，一辈子。

一言不发地摁掉电话。回到家里时，已是午夜。铭靠着沙发睡着了，脚下七零八散地堆着一堆堆空空的啤酒瓶。望着他沉沉而睡的脸，手指已将他原谅，一抚上他的脸颊，他很快地惊醒过来。

黑暗里，无声地拥抱，平静地相望，所有的崩溃或伤害被铭粗暴的亲吻磨平。两个人已是泪流满面。温柔的沦陷里，宽容总是那么的容易，一遍遍地保证着，永远不说再见。

我想我还是可以和铭一起生活下去的，过平常而安静的生活。于是我选择原谅。

只是很奇怪，女人和男人真的不同。女人的心潜在身体里连在肉里，无法剥离，而男人，却可以将心血淋淋地剔掉，用剩下的最为兽性的躯壳来游戏欲望。我和铭真的不是同类。此后，我们突然变得客客气气不再拥抱，相背地蜷缩在床上，他也从不勉强。当铭上班之后，空大的房间里，忧伤的音乐若冰冷的水，一遍遍的将心淋湿，那个满怀绝望的女子，她的眼里蓄满泪水，直至蹲在墙角捂上自己的脸不能自抑地啜泣。我爱铭，琳，我知道他也爱我。

　　可是琳你知道吗，当你的爱被这个世界玩弄蹂躏时，当你的梦想被一点点地埋葬腐烂时，你一意孤行的不懈坚持，却让平淡日子的庸碌或贫乏再也燃不起丁点儿的火花，瞬间空白，空白得可怕。身体和灵魂变得很空。琳，这是真的。心真的很疼，那种空洞令人恐惧，似乎非要搞个生离死别轰轰烈烈才叫真的爱过。灵魂无处停靠，压抑，忍耐，隐忍的结果会是什么？只会觉得和那个不再爱了的人在一起时会比烟花更寂寞。

　　那段日子，空寂的午夜，一个破碎的女子，生命中一次没有预感的邂逅，琳，我们相识了。钻在被窝，我的手指在手机的键上灵活飞舞，深藏海底的灵魂在沉浮沉浮，凄艳的味道很是浓烈，那一瞬间，你若绝望谷底里一束蓝色的火苗，将我的疼痛舔着舔着，你是唯一带给我安慰的，琳。

　　当爱不在时，两个人，其实比一个人更寂寞，无以言表的寂寞。

是的，爱终于消失。

琳的手抚着她哀愁的发，她的手指像花瓣。铭的脸一闪而过。他的声音，他的气息，她终于告别了他。她的心里不再有任何疼痛。

2012 年元月，北方，一个飘着雪花的冬夜。这是一个独立的自然段，不是完稿时间。

2011 年 9 月 11 日

任爱做主

她叫紫，偏瘦小，身体底子弱。无眠的夜里，和阿紫聊天，听她的故事……

地图上，那是个毫不起眼的小城，她说琳就在那个城里。她一直在谋划，谋划冬天来临之前，去那边看看。

她说她想念她们的初遇，她一直记得那时还没有开春，天空阴郁而颓靡地飘着雪花。

网络上，那个叫琳的女孩，她突然的现身，就像黑暗里潜藏已久的一个影子，令她眩晕。有谁能够设计，在某一天的某一个时刻里，你会遇上特定的某一个人。

白天里，不动声色地继续上班，与无关痛痒的人喧闹寒暄。下班时，偶尔会懒懒的淹没于夜色，一个人在冷清的大街无言穿梭。暗黑的霓虹迷离混乱，头顶的天空没有星光，心含混不清，最是亲近的父母也愈来愈陌生，爱他们，觉得他们模糊，有一天还会彻底的弃他们而去，心生疼，恐惧，觉得加倍孤独。生命的意义到底是什么，她困惑。满满的颓废无处发泄，很不快乐。

　　每天固定的时间里，她会洗完澡早早的上床，习惯性地在被窝里与琳斗嘴，她感觉平静，快乐，没有任何的负累或包袱。暗夜里，她觉得琳的眼神灼亮，在远处璨璨地凝视着她，她知道，其实她们都很寂寞，都是对爱极度饥饿的状态。生活真实乏味地过着，夹杂着莫名其妙的甜蜜，日复一日。

　　一段日子里，空前的加班。似乎很久了，没有说话。

　　除了拼命的工作，间隙会空虚地宣泄，酷的自虐，急促破碎地堕落。这样不负责任的日子持续了很久很久……那个深夜里，大雨压抑，酒气浓烈地回被窝，捏着手机没说上几句，就呢喃地睡去。次日醒时，雨滴还在玻璃上断裂滑落，琳的短信铺天盖、脾气暴烈：为什么总是这样不知道珍惜自己，你猪啊你？再看时，心已陷入盲区——

　　如果可以我想这样爱你/ 在相识的最初/ 以为是不经意的萍聚/ 现在回头看时/ 你我的相遇/ 是多么惊人的奇迹/ 如果可以我想这样爱你/ 你可以对我发脾气/ 只要你能欢喜/ 过后你也心疼不已/ 我知道伤害我不是你本意/ 宝贝，别说对不起/ 来我怀里/ 无声无息/ 如果可以我想这样爱你/ 你不必感叹生命的悲喜/ 有我为你时刻解谜/ 在爱走不下去/ 走不下去的每一个瞬息/ 你也不必猜疑/ 猜疑我还是你自己/ 像牛郎遇见织女/ 不是谁的命里都有一次

......

大脑里瞬间空白，琳的脸从她的眼前一闪而过。伏在墙上，眼泪温热地打在她的手指上。

有些事情是温暖的，可以纪念的，也是有迹可寻的，爱来了，却又是那么无能为力。她突然觉得心痛，爱为什么总是冥冥不死？——明知爱不起！

她艰难地摁着手机的键回复：知道你爱我，不是一时之兴，而这银河迢迢的距离，离间着恩爱如蝶的喜悦，不得不寂寞，若含羞的草儿，遇到了暖阳，却将自己层层包裹……

她正坐在我的对面，烟还夹在手指，撅嘴，吹掉那长长的烟灰，故作轻松地笑。

紫你听我说，其实我们无从选择自己的生活，或者，去选择爱怎样的人，时空里，我们不够优秀如此渺小，最终，什么痕迹也不会留下，包括快乐、痛苦，就连最亲近的父母有一天也会突然消失音讯全无，就像从不曾来过，生命如此脆弱，爱恨忧欢，你或我，根本无从驾驭，所以有时候，我们会很绝望，非常的绝望。

你能够计划感情么？难道爱一个人想爱就爱不想爱就不爱了么？感情你能够收放自如么？如烟的宿命里，手指轻触，一个轮回已灰飞烟灭。任爱做主吧，去那个小城看看，除非，爱已溃散。

2011 年 9 月 7 日

呼吸

700路的大巴车厢里，高高低低的台阶站满了人，拥挤的人群，找不到一丝的缝隙，就连风也吹不进来。天气的闷热，空气的污浊，令呼吸极度地艰难起来。莫名男子毛茸茸的胡子一颠一颠地挑逗着她裸露的胳膊，还有那个胖妞，令男人血脉贲张的低胸简直要爆炸了，呼之欲出，亲热地与她贴身相对。那女子旁若无人，呼出的热气软软地打在她的脸上，转瞬又被她躲之不及地吸收。她的身子想要转动，看来徒劳，周遭坚固的肉墙终究是无力突破的，目光也不知道应该往哪里放，还是投向窗外吧。

一行行茂密的树在友谊路上静静地后移，车厢的门吃力地打开又吃力地合上，迎来送往，一拨又一拨的人上来了又下去了，只是那车厢，总是一成不变地爆满。

车窗玻璃上的动漫影影绰绰，与街上的行人清晰而模糊地反复重叠，思绪穿梭，翅膀隐约，神情静寂地驻在杂乱的人窝里，不动声色地玩味"朱雀"。有时候，她是非常沉静地。

这个极度失眠的女子，她总是动不动就觉得烦躁。周末两天，携女伴及孩子们去朱雀森林公园，当连绵起伏的秦岭闪现在眼前时，她眼角紧簇的细纹开始逐一地舒展。伤了痛了，哭了笑了，能忘的都忘却了，终于活过来了，若蝴蝶，自由自在地翩跹高飞。神奇的自然泛着月亮的光，翠绿的青山生长茂盛，天湛蓝，纯净得没有一丝杂质，她雀跃，因为她爱上了它，进入了它。她呼吸着植物的气息，眼神璨璨，泛着多情人才有的光。她喜欢生活的明媚。春的甘甜，夏的清凉，孤僻的内心虽然寂寞，丝毫不能阻隔她热烈的少女情怀。她始终保持着善良女子天真的特质。

　　她仿佛脱离尘世，坐在露天的阴影下喝苏打水，兴致盎然地抚着"鼓琴"，听河流哗哗地伴唱，对数码相机妩媚地笑。绿色的植物情真意切地将她抚摸，软化着她倔强的顽劣，能与林中的鸟儿共呼吸这片蔚蓝天空下的空气是多么的快意！

　　她很忘我，对着镜头，随意地摆布自己，不断地尝试。她总是仰起下巴，眼神摄人，露出骄傲的笑容，哪怕这一刻只是面具。她的内心静静地遗忘了许多事情，涌动着青春年少的火焰。这时候，她不再粗俗枯萎，而是一个美好优雅的女子。沉浸在平实的欢喜中，每一次镜头的闪光，都真实地记录着她肆意热烈的痕迹，灿烂柔情，天荒地老。

　　重回城里的时候，她步履沉重，突然间有点沮丧。

　　妈妈，你怎么啦？儿子凝望着她的脸，不安地摇着她的臂。眼睛真是心的傀儡，没有秘密地出卖着喜怒哀乐的真相。

妈妈，我给你讲个故事吧。若小时候她给他讲故事一样，他揽过她的肩，开始声情并茂，并夸张地咯咯大笑。她纵情地笑弯了腰，上气不接下气，伏下头掉出了眼泪。她被他宠得溃不成军。他意兴阑珊，兴致地说妈妈你笑起来真是好看，你要每天像在"朱雀"一样开心，就不会有忧郁症了，以后我会经常给你讲故事的。

感伤在内心灼烧，她觉得小子的眼睛真是漆黑，就暗暗地起誓，要做那绚彩飞舞的蝶。

车似乎醉了，一个踉跄，车厢里一片惊悸。镜头变幻，放逐的思绪回到车厢。再有两站就是终点。她抓着吊环，在松动的人群里晃动，含义不明地笑。她看起来总是那样的静寂。

一个匆匆下车的男子撞飞了门口女子手上拎着的早点，他似乎丧失触觉，头也不回。裹着食品的包装带打着转转滚了几下。一个年纪略长的老者弯腰捡起，将食物递到主人的手上。那女子一言不发，皱眉，不忿地望着下车男子的背影，神情淡漠地将食品丢进门口的垃圾桶里。

她突然觉得心里空荡荡的，很空，仿佛这世界没有了一丝感情。阳光透过车窗，打在她平淡的脸上，却带不来丝毫安慰。她的呼吸急躁起来，那一刻，隐约的快乐被摧毁得灰飞烟灭！

2011 年 7 月 15 日

旅者

那天是 4 月 8 日。北方的春天，刚刚抽起绿色的芽。

接到通知，因为市局的一个紧急突击检查，必须独自去榆林出差。汽车在通往咸阳机场的高速路上奔跑，两边的树已披上了绿色的新装，充沛明亮的光线下，能看到灰白天空里隐约的蓝。飞往榆林的航班是下午 6 点，这时的北方，正是夕阳正好的黄昏。

候机厅里零散地站着不同表情的旅者，孤寂的气息，令人黯然。

不喜欢漂泊，只想找一种永久停留的感觉，似乎这样，这个城市才真正地属于我。

登机，临窗而坐。那个女子转过脸看我的时候，我正踮着脚尖往行李舱里费劲地塞着行李。她微笑，接住了我的衣袋。看起来，是个很有教养的女子，眼睛像水一样清澈。我喜欢美女。

空姐的声音很悦耳。飞机在跑道上加速。倾斜上爬时，有些轻微的眩晕。

她替我拿了一杯咖啡，对我微笑，心不在焉的样子。一个不错的开场。

这个榆林的女子，丝毫不见"陕北"的气息，甜美标准的普通话，让我惊讶。

你不像陕北的女子。我说。为什么？她好奇地问我。直觉吧，你的口音已城市化，身上有漂泊的气息。当一个人的心在流动的时候，一些特质会体现在她的脸上。

她笑，她说她是一个地地道道的榆林女子，也许是因为常年漂泊，故乡的风尘已被都市的铅华洗尽。她给我讲小时候生活的艰辛，她的梦想，她无从选择的生活。她说她喜欢漂泊，喜欢从一个城市辗转到另一个城市，在不同的城市边飞边歇。她的老公是做煤矿生意的，他似乎总是很忙，从没有时间陪她。他留给她的，只是大把的金钱和时间。她觉得，她已丧失了生存的能力。

除了独自在不同的陌生的城市经历，我不知道自己还能做些什么，她轻声地叹了口气。

显然，这是一个经常独行的女子。

你孤独吗？我问。不，我很充实，我喜欢一个人四处漫游，除了漫游，我还喜欢烹调，种花，散步，听音乐，有时候，也喜欢晒太阳，骑单车，看电影，你看，我都忙不过来了。她笑。

那么孩子呢？哦，我还没有小孩，可我喜欢孩子。她的眼里盛满母性的温柔。

说起孩子，两个女人都有点开心。我拿出钱夹，给她看儿子的照片。

好乖的男孩，你好福气，作为女人，你是圆满的。她明亮的眼睛直视着我。

你也可以生一个的。

我……她举起手里的咖啡，浅酌一口，一副欲言又止的样子。

你看，我有先天性的皮肤病。短暂的沉寂，她已放下手里的咖啡，褪下她肩上的衣，银白色的鳞屑不规则地零星遍布，转过身，给我撩起她的外衣，让我看她的背，满天星的岛屿触目惊心。我忍住了内心里灼烧的恐惧，她的信任让我为之动容，感觉到亲切温暖。

大夫说，遗传率有 80% 的可能。除了面部，我的浑身都是。她的眼睛越过我，撩了撩额前的发丝。

如果可以，我想有个试管婴儿，哪怕借腹生子，这样，遗传率会降到 30%，我只想拥有自己的孩子，去感受圆满的幸福。她一副语气单调的样了。

你会幸运的，科技这么发达。她开始沉默，不再说话。

每个人的内心里都会有一面镜子，投射到她脸上的，不再是初见时的光鲜。她让我感伤，她让我感动，这个依然坚持美好的女子。她会迈向生命的圆满。窗外，俯瞰云海，云朵在绵绵地流过。

飞机抵达榆阳机场的上空，昏暗的夜空下升起璀璨的灯火。短暂的缘，轻触到陌生的灵魂。

下飞机，风萧萧，接机的人很多，没有我所熟悉的脸。手机适时地响起，一个纯正陕北口音的男子，甲方单位委派的一个热情洋溢的司机。异乡的夜风，淡漠的人群，她像一枚盛放的玫瑰，从我的视线里消失。

　　坐在车上，透过车窗，望着加油站里零星的灯火，窥透到她灵魂的乏力。

　　这个女子，她让我回味。我想，我们不会再次相见。

2011 年 4 月 26 日

影子

开春，气温回暖。

日子如旧，每天乘着大巴，走走停停地上班。

喜欢许多不期而至的画面。黄雁村十字，人民医院的那一站，一个精瘦的中年男子，总是牵着一个病恹蹒跚的妇人，她左腿趿拉着地，右手扶腰，身子一栽一栽的，另一只手，被男子紧紧地拉着。绿灯亮起时，他们正走在十字的中央，不惊不慌的男子，长长地伸着手臂，左顾右盼，下意识地隔着车流，另一手臂，却将那妇人搂得愈发地紧了。

站牌下，一个黑壮的小伙跨在摩托车上，桀骜的头发，脚支撑着地，旁若无人地大口朵颐，车后座，伸过来一只温柔地手，他笑，安静地递过他的脸，任纸巾将他嘴角醒目的渣滓轻轻拭去。

正在改造的城中村，被围墙圈起。那个头戴安全帽的乡下女人，提着油漆桶，在专注地粉刷着刚刚砌起的墙。同是灰头土脸的男子，在不远处，刷着另一张墙面，间或，他们会转头，眼神闪烁，在晨曦的照射下，大声地说话。

扛着扫帚的老年男子边走边吃，神情沧桑的清洁老妇，前后左右地拍打着男子身上的灰，一会掖掖他的衣领，一会抻抻他的下摆，眼神恬淡，嘴里在不停地嘟囔着什么。

隔着大巴的车窗，痴，心里有火焰轻灼，温暖的眩晕。

一个失去期待的女子，日渐苍老。总是隐秘地守在自己的巢里。有时候，会独自抿酒，会看网络上看午夜连场的电影，也许，那就是世间最好的逃避。

陌生的画面，莫名地暖心，或许因为开了春。心不再荒凉，不自觉地提前下车。

走在街上，春风微醺，阳光斑驳地打在萧瑟的脸上，影子与主角织叠，拉得很长。

在阳光下，再怎么阴暗的人都会有影子，这才是真实的人。鬼是没有影子的，据说。

湘还说，一个苹果，你要它每一面都对着阳光吗？

心终究释然，不再为迷恋影子而隐约羞愧。

一个擅于夜色里游荡的孤魂，原本是没有影子的，一直来，却在不停地找寻影子。恋上影子的人，沉迷在夜里，淡漠地拒绝着阳光的诱引，指尖里，流走着大片的年华。

视觉里那些旖旎的爱情，令人艳羡。一个只和自己影子恋爱的女子，寻不见他的子期，那把古琴，早已被摔得稀烂。

思想在轨道外徘徊着，一生都在寻觅，其实她只是在找寻她的影子，失去了影子，她就会死。

2011 年 3 月 31 日

暗伤

新年，一大桌子人一起吃饭。气氛热烈欢闹。不停地碰杯。虚情的相互恭维。有小孩在指着杯子执拗地吵着要酒喝。嗓门最大春风得意的男子终于醉了，趔趄地大声叫嚷。整桌子的人手忙脚乱。杯子滑落在瓷砖地板上，发出激烈破碎的爆响。

嗓子有点发干，被什么东西生硬地堵塞。胸闷脸热，远离喧哗。视觉里的喧嚣顷刻被过滤掉。端着水杯吹着热气，一个人依在窗的边沿，任冷风簌簌地从窗的缝隙灌入。从高高的楼层向下观望，空气中飘洒着稀稀的雪花，马路上迅疾奔跑的全是玩具。不停地喝水，放肆地呼吸，爽。

思绪混乱。心空空。热闹的场景里，加倍孤独。不想说话。移动 QQ 全天闪亮，不知等谁。其实只是需要一个挂念的人。心无所牵，连走路都会是轻飘飘的。

短暂的人生，长长的磨难，每个夜都太过漫长。怕黑，怕孤独。一个人的夜极尽寒冷，颓废。本是美丽的夜，却被夜暗伤。

心会疼。精神忧郁。想着想着，就睡了，不知几时。日子总是这样，千篇一律。

独行，放逐，某一瞬间的黑暗里，只想纵情地释放自己，那种激烈的释放。释放是一次充电，可以令人积蓄能量，能够重新激情满怀地投入生活，会安静祥和地抚育子女。感情极度匮乏的女子，其实只是想被他温情地拥在怀里，甘心地接受他指尖的宠爱。

需索爱，爱至不爱。固守在错误里，执著地继续演戏。男人或女人，真是不同的物种，谁也无法理解谁。那年除夕，剧烈地争吵。妈说我求你了，你就不能继续忍忍？你是读了书的怎么这么不懂事？妈给你跪下了。妈居然说她要给我跪下。你可知那会是怎样的崩溃与瓦解？书架上的书凌乱地散了一地。我恨那些蛊惑人心的文字。

从此开始沉默。戒爱。婚姻不过是个框架。不知道自己还会爱上谁，也不知道谁会爱上我。如果可以，我宁愿爱上一个女子。如果爱了，宁愿爱过就死。只是觉的，女人其实比男人更懂女人。

男人，永远是这场游戏里的赢家。面子，房子，票子，没有一样他能舍得，所以不到迫不得已，定不会因你而选择突围。你不过是他菜谱里的一道菜，痴痴地等着他的宠幸。在没有摆上桌面的时候，其实每一道菜都是极具诱惑力的，他也会极具耐心。上了桌，吃过了这道菜的口味，就需要其它爽口的菜来打打牙祭。自然的法则，何须抱怨？君不见，哪个吃饱了这道菜的男子，还会饶有兴致地回过头来重新地阅读菜谱？

笑，无可奈何，心里有潘多拉魔盒，就算使劲地闭上眼睛，眼皮里依然聚满隐约的光。当前无法从容，未来不能掌控，徘徊在回不去又出不来的尴尬中，找不到出口。你是一头中了暗器的幼兽。

可怜的女人，总想有一个人真真地把她放在心上，寻寻觅觅，结果却被放在了床上。自尊或骄傲被踩在脚下，谁又会帮你捡起并被他疼惜地捂在胸口？暗伤疼痛，如枣刺，深扎在灵魂深处。日子去去，情感无法绝缘，不停歇地持续坠落，麻木，没有罪恶，直至自然而然地绝望适应。

其实，有些感情或事情，我们真的无法作出合理的解释。就像感情有好多种存在的方式，不一定非要有个名分。就像有的人爱钱财爱名利爱面子，而有的人，却爱上爱。

爱上爱的人是形形色色的，因为爱，在每个人的心理是不一样的。有的爱是不食人间烟火地腻在一起，让时间停驻，让世界静止。有的爱却要像糖一样蘸着吮，不能像蚂蚁一样腻死在里面。对爱淡漠，烟火的贫乏索然无味，对爱焦渴，你会失去免疫。原来爱可以让人成长，还可以让人堕落。

杯子里的水已开始冰凉。把心偷偷地拿出晾晒。内心深处埋着一粒火种。一颗心快要被烤焦。心隐痛，无人轻吻你的暗伤。

深呼吸，清风凛冽，爽。

2011 年 2 月 15 日

宠

农历辛卯年，正月初一，阳光暖暖，喜庆欢快的风里，偶尔会传来零碎的鞭炮声，感觉到什么？是热闹？是澎湃？还是失落？开心的人想必很多。

全家总动员，陪远道而来的亲戚去回民街闲逛。不想辜负灿烂的阳光，更不想拂了所有人的兴致，只当自己是一个没有知觉的木偶。一直以来，自己都是可有可无的点缀。南北走向的街巷狭窄绵长，商贾云集，饮食，工艺，古玩，吆喝声嘈杂声，人头密集，一派盛世繁华的样子。这里，也是长安城里回族穆斯林的聚居地。心是荒凉的，空洞无神的眸子捕捉着人世的祥和或喜悦，看那一对对手勾手的亲密情侣，更会眼热。凡俗的幸福，我也想要，最是亲密的爱人，只是躯壳，小女子简单的愿望，今生注定是一场虚妄的笑谈。

走着走着，就散了，分批自由，而我，只是寸步不离地牵着小儿的手。

心里的阴霾压得很深。一个人沉寂太久，会依赖上孤独。

逃，只想逃离。就算人生只是一场戏，你知道，你也没有太好的演技。安置好儿子，一个人在沃尔玛商城穿梭。家是什么？一直以来，我就找不到家，那个家，你只是碍眼多余的那一个。你是知道的，上天赋予你未尽的使命，你只是哺育儿子的工具。不再梦想谁会宠着你疼着你，或者，会有谁体贴地懂你的爱恨，时间已给了你印证，你只是一个摆设，一个育子的机器。卑微的生命，无须有人作陪，没人给你买花，恩赐你一席之地，得学会感激涕零。心隐痛，无以自控，习惯了自己照顾自己，麻木了无人共享的悲喜，没有伤悲，外衣的华丽掩饰不住灵魂的疲惫。游移在沃尔玛喧嚣的人窝里，听着红红火火的音乐，看人们喜气洋洋，抿嘴淡笑，违心欢颜，心情貌似极致绚烂。一个人，你总是一个人。融入人海，感觉自己像被世界遗弃的累赘。

盲目地乘着电梯，上来下去地反复飘荡，富丽堂皇，琳琅满目，却不知道想买什么。走出商场，天色已涂了霞光，华丽辉煌而迷离。

坐在广场的台阶上，晒着太阳，沐着暖风，旁若无人地啃着甘蔗剥着蜜橘，看人来车往。旁边一家仨口，正兴致勃勃地玩着甩炮，每一次"啪"的一声响动，都会让那个可爱的小人儿像一个不停滚动的雪球，在夕阳的欢器下灵动地滚来滚去。而不远处，一个沧桑的中年男子，窝在花团的中央，他的眼无神而浑浊，空灵飘忽，颓废地抽着劣质的香烟，一根接着一根，零散的人流里，没有谁会为他停驻。

霞光锦缎，忧伤蔓延，不知从哪一天起，渐渐地学会了失忆，也学会了妥协。虐待自己，敷衍苟且，持续孤独沉浮，躲在无人的角落，低吟浅唱苦涩的挽歌，两手空空，任无归的灵魂，迷失在缥缈的绝境里……

吃完了最后一个蜜橘，夜色正是朦胧。广场的上空零星地盛开着烟花，丰盈的大年初一，心为什么还是很疼？

春日的花丛里，定会有爱的香气。起身，借着微弱的烟火，整理着身上的褶皱，拍净衣物上的灰尘，将地上残留的垃圾打包清理。突然想送自己一个新年的礼物。

那个花丛里的男子手忙脚乱地掐灭掉烟头，他小心翼翼地给我推荐。淡雅的白玫瑰，橙黄的金盏菊，朴素的满天星，火红的康乃馨，每一朵，都有其独特的风采。

不想把幸福盲目地寄托，害怕人生继续曲曲折折，悲喜无人共享，一个人也可以美丽，心境如怀抱里的玫瑰，静谧地散发着愉悦的香气。

孤独地走在夜色里，别样快乐的滋味弥漫周身，我是恋者，恋者是我，嗅着花的芳香，今天，只想做一个宠爱自己的女人，今天，是属于我的奥斯卡。

2011 年 2 月 5 日（大年初三）

语训部旧事

那天，二00五年六月十六日，一个酷热的夏天，儿子六周岁生日，语训部里安排，要统一给儿子过生日，并嘱家长最好来参加儿子的生日庆典，我刚好从一家规划设计公司离职，加之围城内的冷战，我搬家，单独在外租了房子。心情的失落与郁闷无以排遣，除了没日没夜地游荡于网络上和认识或不认识的人调情渲泄或喜或悲外，我一直是自暴自弃的空虚的无聊的，无人问津无人在意的，失意与孤独让我深深地依赖上了这虚拟的空间，好像只有在这个虚拟的世界里，我才是得意的才是被人重视的。当儿子的幼儿老师打了电话再三嘱我一定要在下午放学前来参加儿子的生日庆祝时，我才不得不依依不舍地下了网关了机。

我全幅武装起来，除了换上才买的那件漂亮时尚的裙子外，脸上手臂上还涂了厚厚而高档的防晒霜，配上酷酷的墨镜，打上才买不久的时髦的防紫外线的洋伞，出门时，还不忘对着镜子朝嘴唇涂上唇彩，并给脖子上挂了时下流行的 MP3 以打发路途无聊寂寞的近四十分钟，我看着镜子中那个因长期熬夜而憔悴不堪的形象一刹那变得精神抖擞明眸皓齿起来，不禁满意而妩媚地笑了。

走出日日夜夜昏暗无光的小屋，突然就感觉到了光线的强烈刺眼及太阳的毒辣。我是一个只有在黑暗里出没的女人。我对阳光抗拒。是啊，似乎好久了，我都没有再去接送过儿子，只是一味的如午夜幽魂一样没日没夜地飘荡于网络上，只有在天大亮的时候，我才昏昏睡去。此时此刻，我满脑子还是网上那个无法割舍的叫秋无痕男子的柔情蜜语，心里突然就后悔了对学校的应承，我应该让公公婆婆去，他们随便谁去也是一样的，心里尽管悔得不行，可一切已来不及了，我只有硬着头皮朝学校走去。

儿子所在的语训部是一所语言康复学校，天捉弄人，聪明帅气的儿子居然是一个有着听力障碍的残疾小孩，从两岁起就一直靠戴助听器来接受外界信息，我庆幸儿子的幸运，因为他还可以戴助听器来恢复语言，要是我这年代，只能从小无奈地选择手舞足蹈地学习哑语，将来做一个地地道道比比划划的哑巴。所谓的语训部实际是市残联下属所办的一个聋哑学校，我无法接受"聋哑"这两个字眼，就一直执拗地将其称为语言训练康复中心，即语训部，我不知道这是不是虚荣心在作怪，我只知道，他是我的儿子，我爱他，我的忧欢受他掌控，我的一生将和他有牵扯不完的关系。

早早地来到康复中心，走廊里还是静悄悄的，每个教室里都能听到聋儿们含混不清怪腔怪调的跟随老师朗读的声音，听着老师们不厌其烦反反复复纠正的声音，我突然感觉到一种异样的崇高敬意从心底慢慢地升腾，是啊，和老师面对面的近距离接触与沟通，好像都是上个世纪的事情了，遥远得让人模糊。

我曾对我的闺蜜梅说，我的婚姻彻底地摧毁了我，它让我陡生恨意，若不是儿子，我一天也不想活。我的丈夫木讷寡言，我的小孩听力残废，最是亲近的两个人都三缄其口，留我一个人唠唠叨叨又有何用？我感觉天崩地裂无路可走。我变了，变成若他们父子一样的聋子哑巴。我的沉默让世界显得安静，就连笑容都充满了悲凉。我是一个与众不同的女人。我是一个被命运打入地狱的女人。这是我的宿命！

我破碎地笑，聊赖地在走廊里踱着步子，看着墙上那激励人心教聋儿父母如何自信而有技巧的育儿指南，我突然感觉内心一阵疼痛，想想曾经，我也是尽心尽力全力以赴地摸索着培育儿子的方法，甚至，夜深人静的灯下，我还在做着大量的育儿笔记，每天每天，都是热情满怀豪情万丈，积极地配合着学校精心地浇灌幼苗，只是不知道从哪天起，一切如风，都是过眼烟云。我在昏暗的走廊听着孩子们在磕磕巴巴地朗读，我漫不经心地徘徊着，淡笑着，心却一点一点地下坠，最终我蹲在墙角，垂下自己有些沉重的头颅。

腿已蹲得麻木，我站起，凝望一所教室门大开的新班，新班就是刚刚招收的二至三岁的聋儿班，这里或爬或坐地有六七个聋幼儿，他们个个随心所欲兴致勃勃地玩着，有打鼓的，有打电话的，还有垒积木的，更有甚者，站在那撒尿的，甚是吵吵闹闹其乐融融，突然看到陌生的我出现在新班门口，那些孩子热情地一窝蜂地拥到我跟前，逐一点头哈腰含混不清地向我问候着"阿姨，下午好"，我象总理接见外宾一样热情地一一回应着，并在他们的小脸上逐一地亲吻以示友好，一个个争先恐后的小家伙领了我的香吻后兴高采烈地回到原位继续把玩起自己的玩具来，而我，看着自己居然能带给和我儿子同等命运的聋儿们天大的快乐，感觉到久违的快意。其实没什么，我本性就是一个温情的女子，善良的女子。这间隙，我才注意到新班的聋儿老师了，我不禁有些诧异，天哪，这不是那个我上周才看到的"导游小姐"么？第一次看到她时，她满脸青春，扎着马尾，腋下夹着书，身上散发着知性的气息，正和两三个外国游客用流利的英语热烈地讨论着什么，那时候，我就对这个二十出头的年轻漂亮的小丫头感觉惊奇，我想当然地以为，她的薪水一定不会太低，当今社会，能掌握第二种语言，而且又这么朝气蓬勃，何愁没有美好的未来？

她一下子也认出了我，朝我点点头，腼腆地笑，明亮的眼睛蓄满快乐，我不禁也笑了，便好奇地问："你怎么来这种地方？又辛苦又不挣钱的，你外语那么棒，你应该有更好的出路，会挣更高的工资"，她摇了摇头，平淡地说："我喜欢这样的工作，这是对人性耐心和爱心的挑战，而且，我喜欢和孩子们在一起，单纯而又快乐，虽然收入低，可我能做自己热爱的事情，呼吸顺畅，不被俗世淹没，这就是人生的意义所在，再说了，康复中心里国外的义工很多，我能代表我们中国和他们进行交流沟通，倒也算专业没有白白丢弃，我感觉自己活着是有价值的，我很充实。"说这话的时候，她的眼睛笑眯眯地，声音也显得甜美。我为她这番话震撼了，这个语训部的工资水平我可是最清楚的，资历高的教工也不过六七百元，何况新来的？其实凭良心讲，聋儿的成长与进步，全靠这些老师的拳拳爱心，至于收入，我真的不敢恭维。

教室的空调一直在吹着，可我突然便感觉到浑身一阵燥热，脸上的汗水无以掩饰我心灵深处熊熊燃烧的烈焰，我的头脑如放电影一样是空空而悠远的许多尘封已久的记忆，想当年，我真是在天堂，收入顶她目前的好多倍，可因为儿子听力的失聪，因为婚姻的颓败，我若一条窒息的鱼，一次次地在深海里扑腾挣扎，心里的颓废一路飘散，我索性辞了职，干脆破罐破摔足不出户地自暴自弃起来，自己也正好乐个不用上班，儿子也疏于管理无心问津，只知道一味沉溺于虚幻的网络世界虚混光阴得过且过，"今朝有酒今朝醉，明朝没酒喝凉水"便是我当时的人生写照，我闭门不出，疯狂地沉迷在网络世界的卿卿我我里，实在累了倒头就睡，稍一醒来就继续冲浪，饿了胡乱吃些方便面充饥，渴了就喝些生凉水，反正又没有人在意没人问津的，我就是死在出租屋里也没有人会瞅上一眼，我为自己无以面对的孤独与无依找了一千个开脱的理由，三十左右的年纪，倒像个二十出头的少年，新鲜而好奇地迷醉在网络里，日子就这样昏昏沉沉地一天天打发了，我想网上那些温情脉脉的"知己"怎么也不会想到现实中我是这样不堪而又潦倒颓废吧……

其实我知道，我是在逃避，深深而严重的空虚与无人在意的痛一天天摧残着我年轻而孤独的心，我不敢让母亲知道我现状的愁苦，是啊，一年多了，我都没有回家看母亲一眼，间或，会打个电话报个平安，无非是告诉母亲我还没有死，还很好地活着，我想母亲他老人家做梦也不会想到当年那个令她一提起就骄傲满满的女儿今天会是这样的封闭堕落，会在虚幻的网络世界里和那些素昧平生俗不可耐的男人打情骂俏，会对年幼的需要照顾的儿子不闻不问不理不睬……

她是人间仙子，是仙界观音，正如那曲"天上掉下个林妹妹"一样让我耳目一新，与她的再次邂逅一下子让我颓靡而绝望的心清醒了过来，和她相比，我突然感觉到自己的龌龊与堕落，我的灵魂是空洞地。带着沉重的心情，我走进了儿子所在的中一班。

儿子正在化妆，那个年轻的王老师怀里正容着儿子，她专注地给儿子打着腮红抹着唇膏，并给儿子的头上带了一个小寿星的卡通帽，儿子的小脸因兴奋而红扑扑地激动着，亮晶晶的双眼不可掩饰地充满了兴奋与快乐，所有的小朋友和老师们整齐地围着儿子来给儿子唱生日快乐歌，在孩子们的掌声中，在老师钢琴的伴奏声中，在那含混不清嘹亮的生日快乐歌声中，我和儿子一起走上讲台去切生日蛋糕，举起小刀的那一瞬间，我突然落泪了，众目睽睽下我不敢抬自己的头，一任泪水一滴一滴地洒在那小小的生日蛋糕上。

是啊，我欠儿子的太多了，我一任的由自己的心情而游走，放弃自己的责任与义务，而这些非亲非故的老师们，她们虽然拿着那么少的薪水，可她们却从事着人类最高尚的事业，她们积极而快乐地将时间交付于这些听障孩子，这样的生命才是最有价值的，光芒万丈的，而我呢？我在沉默中认真地体味着他们灵魂的柔软，回想自己，我感觉身体蚀骨的寒冷。

当今社会，生存的压力让我惶恐，我知道生存的艰难与不易，我也知道看人眉高眼下的压抑与难受，面临生存的困境，加之情感的空缺，我毫不犹豫地选择了逃离……那是一段很颓废的时光，我看不见阳光，我选择放弃，我的心脏在黑暗里麻木地跳动。日子在贫乏和寂寞中迅速流逝，我的心日渐衰老，我听任心情一路恶劣一路下坠。心的绝望让我对儿子更是持放弃的态度，还有什么能激起我活着的勇气？我坐在阴暗里，丧失思想，我用双手捂着自己的脸，对于未来我不做任何打算。而今天，在儿子六岁生日的这天，在我虚混了大半年光阴后的今天，我突然开始惊醒，我的伤口正在逐渐地消失。

一会儿功夫，走廊里就拥了许多接聋儿们回家的家长们，那些如我儿子一样可爱的聋儿们看到自己的父母，激动地大喊大叫着，一个个像纯洁的小鸽子一样扑向自己父母张开的怀抱，而那些因生活折磨而一脸憔悴的父母，脸上也溢满了看到人间精灵的喜悦与欢快，他们张开那强有力的臂弯拥着自己的宝宝，并快乐而友好地让自己的孩子和戴着小寿星帽的"小寿星"道着祝福，儿子今天是语训部的主角，他的小脸始终红扑扑地，他一一回应着小朋友们含混不清的祝贺，并不厌其烦地大声而响亮地一一向小朋友们介绍着我："这是我妈妈，我妈妈"，语气甚是满足而自豪，我一遍遍地听着儿子那阻止不住不太清晰的声音，心里像打翻了五味瓶一样百感交集，我感觉我的鼻子始终是酸酸的，眼泪不争气地一遍遍淌着，儿子的眼睛漆黑明亮，他诧异地用小手帮我拭着脸上的泪迹，我笑着紧紧地拥抱他，亲吻他小小的脸，一任泪水默流不止。我只是胸口疼痛，那种感觉太过伤人。

和那些聋儿的家长比起来，我真是庆幸得多，她们中多数为农村女性，为了孩子，要租房子，要缴学费，要生存，有卖报的，有送水工，有保洁员，还有找不到工作而全职接送孩子的主妇，她们一个个穿着朴素寒酸，而我，曾经有体面的高收入的工作，退休的公婆又全力地肩负起接送儿子的重任，不错的经济回报让儿子和我的穿戴明显与众不同，即使这大半年没有收入，可并没有降低我在她们心中根深蒂固的优越，我的鹤立鸡群的外表让我和那些家长们明显的格格不入，她们或三个一群五个一簇兴高采烈地讨论着自己儿子或女儿的进步与调皮，唯我，是孤单的不合群的。我突然感觉自己的眼里有了温暖的泪。

是啊，一直以来，我渴望有一个温暖的男子从背后拥着我直到曙光出现，再为他生一个健康的孩子才是圆满，我们一家三口不离不弃一生相爱，永远都会在一起。可是，面对世俗的压迫，贫穷令人畏惧，我的心变得淡漠，甘愿将爱情摒弃……我以为经济基础可以决定幸福，谁又能够想到，命运和我开了一个天大的玩笑，我的理想瞬间空白。

生活的海浪将我摔打，跌跌撞撞间，我感觉眩晕。所有的美好，风一吹全散了。无尽的空将我纠缠。酒精将空虚的胃安慰。指间的烟灰长长。无依的心渗着鲜血。那种猛烈的疼在我的身体里翻江倒海，我想，这应是上天对背弃爱情最有力的审判。

我知道我最缺少的是什么，虽然我丰衣足食，可我的血液却流淌着孤独的因子，抑郁像毒蛇一样缠绕着我，吞噬着我不甘而脆弱的心。婚姻是什么？原来只是人类繁衍的一纸契约。功利退却，体面的工作丰厚的收入瞬间失去光环。时间给了我验证，无爱的婚姻只是一座空城。尘世间，唯真爱永生！

可是，有些孩子的降生并不因为爱情，他应同等地享受快乐。那个孩子，他是我隐约的希望，他替我驱走夜夜的黑。

今天，天空非常的明亮，我的笑淡淡地浮在唇角。

牵着儿子的小手，我感觉自己的心脏发着强劲的声音，是，哪怕是牵强的笑，我也要给他，我不再将自己蜷缩在角落，我的人生将重新启航，我要亲手操控我的舵。

街上，热浪滚滚，阳光透过植物的缝隙如水倾泻，儿子戴着小寿星帽快乐地一蹦一跳着，望着他瘦小而快乐的背，我的心柔软，眼泪热热地流淌下来......

2006 年 2 月 21 日夜

夏日午后

说是夏日的午后，其实已接近黄昏。

下午四点多的样子，空气依然阴郁闷热，散漫地站在街边，看人来车往，莞然。

这个人情疏离的浊世，人与人的距离看似那么近，最近处，近乎擦肩，可灵魂，却是十万八千里。她沉默，似刚从草丛里苏醒起身的小兽，眼里保持着懵懂的冷漠。

面前，一个五官干净的男子从停靠的车窗里探出头，他在朝她朝手，笑容是坦荡温暖的。

她拉开车的前门，很自然地坐在了他的旁边。

车子开始启动，没有方向地继续奔跑。CD 里的音乐是熟悉地，是她在午夜里反反复复轮回的那种，感伤，无依。她知道，他们是同类。同类的灵魂没有任何隔阂。

这个长相真诚落拓的男子，话很少，空气大片大片地沉寂着，长久空白。间或，他会转过头直白地看她，对她浅浅地笑。

红灯，车缓缓停了下来。她的手隐约地蜷在了他的掌心，那双手温暖而柔情，传递来轻微的眩晕或恐慌，心里有水珠在弥漫，冰冷僵硬的脸面已在偷偷的融化。她淡然地目视前方，安静地看着街道十字路口，那鲜亮的数字在一秒一秒地倒退。

空气是暧昧地，瞬间迷幻。

这个叫博的男子，他穿棉布 T 恤，西裤，寸头，一个政府部门的公务员，土生土长的西安人，也算精英吧。虽然寡言，可他的脸上，看不到丝毫阴郁，他是阳光的沉寂的，他的笑容渗透着与世无争。

这个生活简单的异乡女子，她喜欢这张笑脸，温情纯净，会被他感染，会隐约地快乐，所以数得清的几次相见，每一次，她都感觉温暖像潮水一样在体内蔓延，倾泻，她迷恋这感觉，深深爱！

一直来，总觉得自己与尘世没有多大关系，除了上班，与人群常常无法融入。她少有朋友，独来独往。一个令人感觉非常绝望的女子。陌生的城市里，从来没有谁会注意到她，她时常想，也许死在这个出租屋里，都不会有人知道。

博是她在工作中认识的一个人，一来二去，两个人就熟了。这个夏日的午后，她被博用电话执意地拖出阴暗的房间。离开潜伏的草丛，融入俗世，光线刺目得睁不开眼，过了好久，她才慢慢适应。坐进他的车里，透过车窗，看街上人潮涌动，感觉陌生，一种如遭世界遗弃的感觉肆意弥漫，体会到人与人的淡漠与生疏。

　　车子继续奔跑，冷清的音乐在耳畔不停地诉说，敲打着她破碎的心脏，心是空洞的疼痛的，不知道在哪里，也不知道要去哪里，漫无目的。

　　似乎走了很久一样，车轮终于停止了转动。她环视，一片寂寞的林子里，很大，望不到边，最远处，有隐约的小山丘，被团团的云朵紧紧包裹着。林子里，零散稀拉的人影在角角落落里攒动，乡野古旧的酒家三三两两，证明林子其实并非是人迹罕至的。

　　天灰白，阴郁得要滴出泪来。

　　与博走在林间的小道上，树梢很高，笔直地冲入云霄。

　　她的手自然地蜷在他的掌心，表情平淡，嘴角泛着不易觉察的微笑。无言，语言已是多余，更是脆弱地，如强光，会把所有的温暖一一逼退。

　　好久来，植物的气息总是在幻觉里。这个夏日的午后，她真实地感觉到大片大片的红已势不可挡地席卷了她的心，伸出手，清风正从指尖无声地掠过，潮潮的，凉凉的，壮美，凄清。

　　那是怎样的一片洼地啊，长着比人半高的植物，片片似枫叶的火红染满了这片并不起眼的低谷，妖娆蓬勃。地上是潮湿的，留有雨过的余烬。踩在落叶上，不忍下脚。同一片土地，却孕育出不种品质的果实。自然界本就如此神奇。

　　这个温暖的黄昏，大片霜红的林子里，万籁俱寂，听不到一只鸟鸣。踏着红色的落叶，头顶接受着植物最为亲密的触摸，心是安静的愉悦的。风里，植物的香气无懈可击地四处弥漫，透过衣服渗进血液。博转过她的身子，将她圈在怀里。他的眼睛漆黑明亮地闪耀着，目光肆无忌惮地与她对视，明亮，锐利，她终究不敌，逃遁，率先地关了眩晕的眼睑。她用自己冰冷的手指覆在他的眼上，想象得到，他的世界一片漆黑的样子。她害怕那双眼睛，那里有一团浓烈的火焰，似要灼烧到她的灵魂一样猛烈。

他吻她，激烈地亲吻。伤口在轻微地疼痛，欲推还迎，如受伤的小兽，没有挣扎地接受着他的治疗。她嗅到了一种似曾相识的男人的味道。她不禁环上了他的腰。

她喜欢他的存在，感激他，体会无以言说的堕落，哪怕快乐只是瞬间浅酌。她知道被爱包裹的滋味，也知道深爱一个人的感觉。

爱情，甜蜜的毒药，很遥远的事情了。于她而言，爱情已残废。可是这一刻，她感觉她的爱像韭菜一样又长出了新茬。某一瞬间，她又想起韭菜的头茬被谁收割，不禁有些泄气，短至几十分钟的爱转瞬枯萎。她的爱终于死亡。

灵魂总是自私的独立的，再也没有人能够轻易地侵入她的禁地，能够让她感觉值得托付。除了将自己包裹，她无法相信任何人，包括博。博是无法给予她未来的，他只是一个带给她温暖的人，一个令她短暂快乐的人。有时候，她极其理性。

落雨了，很猛烈的大雨，打在树叶上发出哗哗的声响。博牵着她的手落荒而逃，逃至林荫道边停歇的车里。车厢局促，丝毫不妨碍暧昧的气息。语言是苍白的，无须任何言语。

他附在方向盘上，翻出 CD 包，重新挑了张 CD，一首日韩风格的音乐开始弥漫。她熟悉这首歌，卡洛尔演绎，假如爱有天意，别名，不可不信缘。

音乐缓缓地抚摸着伤疤，似淌着无限凄楚的泪。两个人一言不发，静静地靠在后排的座位上，似乎等雨停驻。

他转过脸看她，她的头发微微凌乱，雨水顺着她脸的两侧正往下淌。他抻了抻自己湿透了的衣，伸手，又抚摸上她的发，对着她笑。他的手指暖暖，将温暖顺着发丝传递给她。偏僻的土壤，快要枯死的花朵迎着阳光雨露。闷热的车厢里，两张年轻的脸。他们都很寂寞。

你是一个很好的女子，他小声地说，并递上一瓶苏打水。她接过，表情没有任何的意外，只是突然地直起身子，掉转过头，回避注视他的那双眼。

她害怕那眼神，感觉很复杂，会让心无法平静，好像童年时偷了瓜园里的瓜果一样，随时担心着被人追撵。可是心如此寂寞，长久没有抚摸，人会枯萎，会死。

真是鬼天气，只是几分钟，铜钱般大的大雨便戛然而止。

车子启动，缓缓地在林间的小道上漫步，空气潮湿，灵魂愉悦，肌肤的温度很暖，似增了养分的花朵，旁若无人地悄悄盛开。她无声的微笑，伸展在云霄的树枝是快乐的，天上的阴云是安闲的。

一路无语，直至车子停在山丘的脚下。天气就像善变的少女，刚才还是阴着脸梨花带雨地滂沱着，这会，已破涕而笑——阳光灿烂了。淹没在半高的灌木里，迎着血红的残阳，摆着 Pose，听他的相机咔嚓咔嚓地响着。她终于笑了，拘谨已荡然无存。

　　她的手已很自然地搭在了他的掌心，偶尔，也会挽上他的臂。不一会儿，俩人已冷汗涔涔地攀到小山的顶峰。

　　凉风将她的头发吹得凌乱，视野刹那间一片开阔，似囚鸟，惊喜地煽动着自由的双翅。远处里，整个古城的建筑高高低低若隐若现，被团团的白雾层层萦绕，一览无余，尽收眼底。眼皮下面，是整片林子的树梢，一望无际的林海里，传递来植物淡淡的清香。天上，大朵大朵的浮云在自由地飘移着，很近，似乎手一伸，就可撕下一大片一样。

　　好久来，她又一次深切地感觉到生命的渺小，原来风一吹，人就可以这样轻鸿地飘散在空气里。

　　博从背后环住了她的腰，他的呼吸他的气息就在她的耳畔，痒痒的恍惚的，汗津津的体味里夹杂着植物的清香。他们就这样地伫立在小小的山丘之巅，一言不发，如雕塑。

　　她觉的，死掉的心终于活了过来，世界俱寂，时间停止，风将他们萦绕，就这样寄生在他的怀里，闭上眼睛，烦忧放空，只是饥渴地吸收着他身体的温度。莫名地，眼里的寒意也在悄悄地融化，没了任何痕迹。风吹了几个世纪，她的心柔软，转身回抱他，紧紧地，亦如抱着的，是世界末日，是整个宇宙的空虚。凉风敲打在皮肤上，凛冽，清凉。大脑是混沌的，一半清楚一半麻醉。她知道，其实她是无法爱上任何一个人的，她只是寂寞。她的爱已经死亡！

在这个无声的山丘之巅，风很大，她只是冷，很冷。

她的脸上一直挂着淡淡的微笑，很荒凉，满不在乎的样子。

四周静寂，远离喧嚣，心就这样混乱而快乐着。孤独，已仓促逃离。

他拥抱着她。他抚摸了她。他亲吻了她。他紧紧地把她的伤口包扎。

不知多久，暮色已笼罩，他的容颜愈来愈模糊，她已看不清他的脸，牵着他的手，沿着崎岖的小道回到车里，打开车灯，夜已注了浓浓的墨。

山风凌厉，簌簌地敲打着车窗的玻璃，似体内奔涌的激情，不可抵挡地释放着能量。脸色灰暗的女人，孤独是她最大的天敌，却依然生命力旺盛地顽强着。她需要温暖和安全。可是，她找不到隐约地能带给她希望的人。

其实，男人并不是唯一的救赎，她应该明白的。

空气里全是植物的香气。局促狭小的车厢里，相顾无言的两个人紧靠在一起，灵魂已贴得很近。他的脸上，是熟悉的不羁的笑容，他最后一次紧紧地拥抱她吻她的额，她用温软的手指覆上他的眼睛，他的世界立马是一片漆黑。黑暗里，她的血液是欢快的循环的。她惧怕孤独，会感觉寂寞，那种不着边际的迷惘会令人窒息，没有谁能够给她温暖或者安慰。

一个被岁月深深打上烙印的女人，她的世界是孤独的。

"有时候我觉得自己不是一个好女人，我恨自己，非常非常恨。"她突然轻声地说。

傻瓜！他捏了捏她的颊，不再看她，开始发动车子。

博，我很疲惫，某一瞬间真希望一觉醒来就是一生，我对尘事抗拒。说完这句话，她感觉有些累，于是闭上眼睛。她终于睡了过去。

车子起起落落，睁开眼时，她的身上覆着博宽大的衣服。窗外，城市五彩迷离，街灯霓虹闪烁，晚上八点多的样子。

城里的夜激情颓废，温情已如潮水般隐退，她的脸上，也恢复了如旧的冷漠，冷酷如冰冷的镜子，无畏，满不在乎，很轻佻的样子。

流浪的人生旅途，也许某一瞬间真的爱了，清醒时，一拍两散，转瞬成空。

下车，大脑空白地清晰着，什么也不曾发生过一样，很轻易地，将整个下午遗忘。

那个夏日的午后，只是度过了一个温暖的黄昏，心在隐约地快乐着，只是这样，仅此而已。

2010 年 9 月 12 日

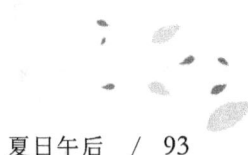

家有小儿初长成

1 本命之年

说起小儿，心里就像河里的水一样，啦啦啦啦地唱着歌，嬉笑着，欢快地向前奔涌。

家有小儿初长成，正是英俊帅气的翩翩少年，12岁了，本命之年，近一米六的个头。他简直就像我身上的一团胶——黏糊。尤其一到节假日，更是寸步不离，见面必然拥抱亲吻，张口闭口亲爱的，神采飞扬的样子。我呢，也是一脸甜蜜地心花怒放着，幸福呢。

前几天，那小子突然郁郁寡欢，茶饭不思辗转反侧，我便好奇地讨问，这一问还真不打紧，倒问出了名堂，只见小子一脸凝重地说，老妈，我将来24岁时定然是要结婚的，我想找一个和你长得一模一样的人做老婆，可是这个世界上，我只喜欢你一个，你说这可怎么办才好？要不，我们结婚吧。我听了甚是好笑，蓦地，大脑又一次闪现出那个千万次反复纠结的词汇——恋母情结，这一次，几度无谓的心再一次高度提起了警惕。

想起周末，我还香甜地赖在床上，早起的小儿总是安静地偎在我的身边，一会儿轻轻地环抱下我的腰，一会儿悄悄地偷吻下我的脸。太阳老高了，他会轻手轻脚地溜下床去看电视，间隙，会反复地奔回房间，一会给我披披被角，一会吻吻我的脸颊。

想起他千遍也不厌倦的话：

妈妈，如果有一天我死了，你会不会哭？会不会很难过？

妈妈，如果你有什么三长两短，我也不活了，我会自杀，我死也要和妈妈在一起。

妈妈，就算你八十岁了，我也要抱着你睡，永不离分。

妈妈，将来长大了，我会送你玫瑰花，我要和你结婚，要你做我的老婆。

……

小子的话语无伦次，时常会自己将自己感动得热泪盈眶。看他煽情的表白动情的泪水，有一瞬间我会感动，我的眼眶也会情难自禁地湿润。

是啊，他的情商正在渐渐地苏醒，他真的长大了。

我是母亲，我想，我所要做的头等大事，便是与小子坚决分居。一听说分床独眠，被窝里的小子一把将我的脖子箍得紧紧的，嘴巴像开机关枪一样地"不行不行不行不行"着。任我动之以情晓之以理，甚至不惜动用了金钱的引诱，还答应额外给他正在热玩的弹弹堂游戏充 8000 点游戏币，任磨破了嘴皮，他依然不为所动。

正无所适从间，恰逢年终公司聚餐，与往年一样，定是携小儿兴冲冲地前去赴宴。可以说，在座诸君，无一不是看着臭小子一天天地长大的。我立马有了主意。

刚一入座，叔叔阿姨们七嘴八舌，都在不谋而合地朝他打趣：蛋蛋，这么大了还要抱着妈妈睡，你羞不羞啊？小儿的脸"腾"地一下红了起来，他用眼角愤愤地瞟了我一眼，一脸讪讪。我心窃笑，做莫名无辜状，将头别向窗外。

看来效果是立竿见影的。当天晚上，小子就一脸决然地宣称，从今天开始，他要一个人独自去睡了。他反复地拥抱着我亲吻着我，无数次地道着晚安，就是一步也不挪脚，生离死别一样。我甚至看到他的眼圈居然红了起来。我笑，掰开他的手，将他推进他的房间，熄了灯，轻轻地退出房门。心怅然若失，一阵发酸，那道门，似一道天堑，"呼"地一声，将我的心搅得麻乱……这臭小子。

原来，迟迟与小子不能痛下决心的分居，不是小子不够坚强，其实是我太过不舍。

羽翼日渐丰满的雏鸟，我必须放他勇敢单飞。童年里珍贵的记忆，会伴随苍鹰在蓝天朵朵飘荡，搏击风雨，勇冲九霄，直至揭开未来神秘的面纱。

窗外，童声欢器，和小儿同龄般大的一群孩子在兴高采烈地燃放着小鞭，叽叽喳喳，跑前跑后，远远地赏看，满心憧憬。

家有小儿初长成，希望在这告别童年迈入少年的本命之年，离弦如脱兔，展露风采个性飞扬，意气风发地拥有 Happy 的青春，从此做独立自强铮铮傲骨的男子汉。

2 南方归来

这一年，他十三岁了。暑假，我送他去南方。假期结束的时候，儿子也终于从南方辗转归来。

他瘦了高了，晒的黑不溜秋地，焦似泥鳅。一跨进门，丢了行李就大呼小叫地喊着妈呢我妈呢，看见从内屋走出的我，一下子冲了上来紧紧地拥抱着我，左瞅瞅右看看，又死不松手地攀上我的脖子，对视着我的眼睛，嘴里在喃喃自语着，两个月没有见妈妈了，跟妈妈在一起，真的好幸福啊。

我被儿子的热情深深感染了，原本想假装冷落的心，一下子柔软起来。

他成了我的跟屁虫，我走到哪里，他黏到哪里，很有眼色地递个毛巾或抹个桌子，嘴里还在嘟嘟嚷嚷着，妈，你别担心，你有一个很棒的儿子呢，你儿子会帮你的。

看着那身高已超过我的半大小子，心里已灌满了蜜，甜腻腻的幸福溢满了心间，所有的苦烟消云散，哦，宝贝，我的心里，还有谁能将你代替？

母亲已迫不及待了，电话里不停地催促，她令我马上带儿子回趟老家，必须。

接了圣旨，我和儿子马不停蹄地朝老家奔，家里还有两个至亲的小活宝呢，一个九岁一个五岁，早已挠腮抓耳地在马路上频频翘首，我知道，他们等的人并不是我。

三个孩子，平时还隔三岔五地能够见面，这个暑期倒好，足有两个月没有见了，欣喜，兴奋，楼上楼下地撒着欢，一个个满脸涨红汗流浃背，你摸摸我的头我掐掐你的臂，煞是亲热。

热乎的劲总是很短，不一会儿，那俩小子就会为一块残缺的玩具嚎哭抓咬，刹那功夫，又会勾肩搭背地左拥右抱，甚是令人应接不暇。只是辛苦了母亲，要给他们做饭吃，还要尽其所能地做个公证的法官，又是调解又是劝架地断着官司。

五岁的弟弟总是被欺负的对象，所以他的诉状总是最多，而九岁的妹妹却幸运多了，儿子总是和她手牵着手跑前跑后，不离不弃，看来小美女的力量不可小觑，同性相斥异性相吸的硬道理，在小屁孩的身上客观地得到了验证。

印象最深的一次，带儿子去参加同学聚会，一学友恰恰带了自己九岁的女儿，不一会儿，俩孩子已熟识得不得了，手牵手地去逛童装店，去广场看自娱自乐的舞蹈，远远地，看儿子和那个小姑娘装模作样地品评着童装，一会儿，又回归到广场的舞蹈队里随着乐曲卖力地扭动着腰肢，我感觉甚是好笑，这臭小子，平日里，可是从不和我进服装店或跳舞的。

言归正传，谈笑间，饭已端上桌，家常的粗茶淡饭让三个小猪吃得津津有味，余味未尽地卷着舌头回舔着嘴唇，争先恐后地到锅里亲自抢饭，呼噜呼噜地吃着碗里的，还要翻着眼睛瞅着锅里的，唯恐自己迟了，被对方争了先。不一会，三个腆着肚子的小猪已东倒西歪地躺在了床上，一个个喘着粗气抚着肚子，全然没了最初的嚣张。

欢乐的时光总是太短，要回城了，儿子与弟弟妹妹们依依惜别，母亲也是恋恋不舍的样子，她总说，孩子多了热闹，就算累死也是值得的，高兴。

明天，他就要正式开学了，我说什么好呢？还是祝他一生快乐吧，阳光，朝气，而不要像我一样，过得了无情趣，蹉跎了青春，还虚混了光阴。

3 天使

一个养了十四年的儿子，在今天看来，如此陌生。

大多时，他背着书包从外面回来，总是一副疲倦的样子。衣服也不脱，书包一扔，就四仰八叉地躺在床上，全然没了往昔的朝气蓬勃。我安静地依着他，与他并排而躺，侧脸看他，他呆呆地盯着天花板看，一言不发。这个疯长的少年，不知几何，他跟我的话愈来愈少，掷给我的，只是一具琢磨不透的躯壳。

十四年的时光，一个女人大好的一段岁月，我青春的热血就这样毫无保留地洒给了他。是的，我不成功，也很清贫，可我无拘地驾驭自己的人生，按自己的方式认真生活，每天和最爱的儿子相守，做自己真正喜欢做的事，谁又说这不是幸福？真的，我很幸福，尤其近一年来，这感觉加倍强烈，虽然我明显地感到自己精力和体力的衰竭。

难得的周末，阳光那么好，于是和臭小子提前相约，一起去曲江游乐园放松。

这一次，我没有睡到自然醒，而是早早起床，精心地梳妆打扮。厚重的冬衣重新归整，挑了件感觉满意的春装，在镜子前三番五次地照。这段日子来，早出晚归的上班，不但母子间完整的交流屈指可数，就连爱臭美的本性也给泯灭了，总是邋遢的疏于打理。阳光洋洋洒洒的照进客厅，家里显得亮亮堂堂，恁好的晴天怎么忍心辜负？我蹲在家门口，专注地给短靴刷着鞋油，虔诚得像赴一场隆重的约会。毕了，驻在穿衣镜前瞅了又瞅，总感觉还是不尽人意，下楼，又顺便到对面才刚装修的美发厅吹了头发。

这下好了，我像换了个人一样，顿觉满意清爽。付了钱，我拎着包，乐颠颠的直奔那母子相约的地点。昨晚，小子在他爷爷家里留宿，他跟我电话里讲好，今儿大早在老地方碰面。

"老妈，我……我肚子疼，身体好不舒服！"还在路上，接到小子的电话，他的声音吞吞吐吐。

"不行，我们提前约好的，不能轻易变卦！"我边走边说，声音斩钉截铁。

"哎呀老妈，我拉肚子……"他抬高声音，似乎强调。

"少来这套，鬼信，赶紧地，我在这里等你！"我有点生气，并断定这是一场阴谋。

"那你随便，反正我真的不去了，挂了！"嘟嘟嚷嚷间，他索性挂了电话。

我捏着手机，有点发愣，内心里一片狂涛骇浪。臭小子，翅膀愈来愈硬了，居然敢挂我的电话了。

自从自立门户后，在压迫中攒聚的阴郁大力释放。自个的人生需要自我的解救。我看到崭新生活光彩的勃发。唯一让我感觉不满的就是我现在的家距离他爷爷的家太近。因为近，小子就两头跑。跑着跑着，人就变得懒散。多少次，总是我三番五次的电话催，他才很不情愿地回来。看得出来，他骨子里接受的正是我不屑一顾所抛弃的，而我这里，又算什么？把一身的劲都给了他，却没有换得最实在完整的回报，心早都不爽了，如果可能，我真想把家挪得远些再远些，好绝了他的念！是的，我承认我不够大气，总是担心，担心十多年来的付出被时光辜负！

果然，这个阳光明媚的周末，他又一次选择倒戈，完全无视我的心理感受。忙活了一大早，全是白搭。豁出的青春，换来两手空空。我的心一阵刺痛。想不通！

蹲在人潮奔流的十字路口，我整个人蔫了大截，完全没了刚才的神采飞扬。红灯亮起，一位年轻的母亲牵着小孩在穿马路。我相信我妒忌的泪终于爆发。早知这样，我宁愿他不要长大。我站起，重新朝回走，泪水在光线下闪闪发光。

这条不算长的小巷，我走了近半个小时。折进菜市场，没了任何情趣，做好的饭不知给谁吃。心不在焉的挑挑拣拣间，突然感觉我的衣被人轻扯，我猛然回头，一个中年的男子赶紧伸手，将我的手机递给我。我怒，还未散尽的失落化为一团浓烈的火，我有想揣他一脚的强烈冲动。可是我忍了下来，不管怎样，形象还得顾忌。我瞪着他，一句话也没说，只是一把将我的电话夺过，转头离去。

静坐在屋子里，我扯了窗帘，屋里的光线马上暗淡。我像潜伏草丛的一只小兽，忧伤地独舔着伤口。我感觉孤独。小子的电话铺天盖地，一次次地，我迅速掐灭。既然你都不在乎我，何必还要招惹我？

"妈妈，不要抛弃我，我们相依为命，离开你，我无法活"。收件箱里，我看到小子乞求的短信。我觉得自己眼里有泪，累积的情绪秘密失控。我握着手机，失声痛哭。

突然想起十四年前第一眼看见的他。那时候他闭着眼，脸红通通地，我附下头亲他小小的嘴唇。我知道，这孩子从此与我无法分割。漫长的人生，他是我的精神依赖，我将依靠他来呈现我的生命。那一瞬间，我拥抱着他，感觉幸福！

真是老小孩，愈活愈任性了，我在拿青春的耗损和一个半大的孩子较真。我以另一种方式对"惹"我的人进行了冷冷的回击。

其实人的一生总是对两种人计较，一个是最爱的人，一个是最恨的人。

这个我最爱的人，他不再孩提，正当少年，可是他跟我的话愈来愈少，找着借口躲避回家。看着我生命的稻草愈飘愈远，我感觉无措，感觉不甘！

一直来，总以为路归路了桥归桥了，从此两不相染，独忘了他是路与桥永远的连接者。其实无论人生怎样变换，这连接的纽带举足轻重，它向来都是路桥工程的重点环节。

好吧，我决定改变，我不想因为气量的窄小而付出更为高昂的代价！

我起身，扯开窗帘，大好的阳光扑面而来，打在墙上，发出圣洁的光辉。我把窗台擦得干干净净，像迎接就要回家的小小天使。隐约中，我看见他背着书包的身影，我听见他叩门的声响。其实我知道，他没有站在门外。

2013 年 3 月 19 日

那个帅哥

这段日子，长期驻扎外地，有两个月了吧，都没有回家。真的好想他。

早上，还在晨梦未醒的被窝，接到帅哥突如其来的电话，他嬉笑地告诉我说，他已坐上开往西府的列车，两个半小时后与我相见。

愣着，迟迟不能丢下手里的电话，仅半秒钟，我开始飞快地穿衣梳洗。

镜子前，那个被快乐溢满的女人，很精心地打扮着自己，像相亲一样反复地理着头发照来照去，并系上了很少围系的丝巾，直至明眸皓齿容光焕发。

匆匆下楼，碰到恰恰上楼的同事，点头招呼际，我看到了同事眼里的惊异与愕然，呵呵，是不是与平常太过天壤之别？

出站口，我终于见到了那个帅哥，远远地，我满面春风，甜腻腻地呼喊着他的小名，他的脸一刹那飞红，呵呵，还有点害羞呢，这孩子。腼腆的劲仅仅一两分钟，他开始活跃，很大方地挽上了我的臂，还急切地揽过我的头和我耳语说，美女，你今天好漂亮，我要和你结婚，并顺便在我的耳际捎带地偷吻了下。幸福溢满心间，心在欢笑，头会犯晕，这个傻小子，为什么只有和他在一起时，我才真正地体会到一种从头到脚的暖流在全身涌动？

我陪他逛书城，淘了他最心爱的书，陪他去吃他最想吃的小吃，看他狼吞虎咽，我迷，有点恍惚。

回到我住的宾馆，他寸步不离，紧紧地依着我，并躺在我的身边，还把他的头执意枕在我的身上，一句话也不说，专注地看他心爱的漫画，屋子里很安静，只听到翻书的声音，忽而会听到他咯咯的笑声，如天籁。我侧看他，就像欣赏一幅艺术画，哦，他还是那么虎虎生气，那么英俊，我开始痴。

休息了两个钟头，我们相挽，去游乐场玩。我们一起进鬼屋，去感受毛骨悚然的刺激，我尖叫，他会大笑，并揽过我的头连说别怕别怕，他轻拍我的背，我心开始放松，只是两双手，扣得更紧。我们一起去坑碰碰车，疯狂地飙车撒欢，一场下来还不尽兴，又继续嚣张，直至兴奋涨满心间。我们一起去动物园区，给动物喂食，看他傻傻地拿着菜叶追得小兔满园飞奔，我笑，告诉他说，你疯狂的爱会吓跑小动物的，多些温柔吧，小动物们才会乖。他很聪慧，一点就通，我看到他终于如愿，他喃喃自语：小白啊小灰啊，慢点吃哦，哥哥给你再拿，小哥可是爱你的......

快乐的间隙我会变脸，严肃地问询他的近况，他的笑会僵，表情淡淡，夸张地把我的嘴两边撕扯，并说笑笑吧不然你会变老，再不然我就拔光你的牙，我扑哧笑作一团。

　　欢快的时间总是很短，分别的时候马上来到，我送他上车，第一次，我看到他的眼圈开始红了，哦，他是在意我的，他是爱我的，我不禁拥紧他不想分开，他皱眉，有点不耐烦，身子开始在我的怀抱扭动，我只好放手，看他毅然决然地转身上车，我的泪潸然滑落。

　　爱你，帅哥，我的儿子，记得了，妈妈永远爱你，一路平安，一生幸福，亲！

2010 年 4 月 25 日

空缺

许久了，没有写只言片语了，这似乎不合乎我对文字偏爱的态度。不想说忙，那只是借口。说懒，似乎更合乎逻辑。

冬夜，无眠，读这样的故事，心起伏，无法置若罔闻。

一个孤单的女孩，被寄养在舅舅家里，言行古怪，脾气桀骜。她叫晴颜。母亲是一个背井离乡的舞娘，辗转于不同的国家，后来停止漂泊，嫁给了法国的一个老头。她的生活开始见好，有人会不定期地给她寄大把的外币。母亲倒是见过几面的，但她从未见过父亲，也没有人跟她提及，就像她来到这个世界，似乎完全不是男欢女爱的结果。

寄居的生活里，因为表姐弟们太多，她总是被忽略。从记事起，除了外婆，她从不知道幸福为何物，也许只是在天国。一个人自娱自乐，偶然的快乐总是稍纵即逝，短促，可依然眼神平静，不流露丝毫表情地安排自己掌控自己。

她的性情直白尖锐，高兴时主动缠人，伤悲时独自啜泣，盘踞在与世疏离的岛屿里，有些孤单，但这反使她安全。

她不缺钱，但对情感需索，好去弥补内心巨大的空缺。

精神苍白贫瘠，冷漠，孤僻，缺少自信，残损的藤总想缠一棵茂密的树，灵魂需要安顿，渴望止步歇息。很疲倦了，孤独并非想象中那样美丽。

她仅仅二十岁，刚刚上了省城的一所三流大学。本是朝气蓬勃的年纪，整天却度日如年。身边的同学都在忙着恋爱应付学习，她却每天逃课，窝在宿舍里睡着大觉，直至睡得腰疼。她不想打扰别人，也不想听枯燥乏味的课，于是在昏暗的灯下读一本本大部头的小说。有时候她也会躲开同学的视线蹲在厕所偷偷抽烟，或者去公寓的顶楼喝酒。她享受堕落的快感。

外公外婆的年纪愈发大了，有一天他们会老会死，会弃她而去，那时候，世界上将剩下她一个人。她感觉恐惧。黑暗的顶楼，她迎着风抽烟，朝下望时，渺小的都是玩具。世界如此孤独。她的心里弥漫着巨大的不安。前路的未知像一口黑暗的井，她觉得自己随时都会被吞噬，淹没。这段日子，失眠愈来愈重了，很困，却就是睡不着，不知这样还能支撑多久？熬吧，唯有时间才能给出最终的答案。她仰着头，不禁深深地吐了口烟圈。

是的，她需要许多许多的感情，来填补内心大片大片的黑洞。对情感贪婪着妒忌着，又因敏感或害羞，刻意地疏离人群。每当看到有情侣从身边亲热地走过，她的心情总会变得恶劣，莫名地发脾气。其实这只能更加印证她对感情从来就未曾满足过，她极度渴望。她不喜欢这样的自己，像雷公电母，歇斯底里，那不是自己所期许的。

追她的男生不是没有，她不屑，觉得青涩。

遇到他，是在网络里，一个圣诞的夜。他叫源潮，来自她故乡的城，也就是说，两个人是同乡。他的确与众不同，短暂的时间里，他博得了她的信任，成了她快乐的最大给予者。荧屏的两端，彼此惺惺相惜，一起沉寂地看着世界狂欢。他的话简短，善解人意，内心的共鸣得到极大的安慰。也许因是老乡，她觉得畅快，信任，她为他迅速地蝶变。有些事真的无法做出合理的解释。其实她只是想要一个听众。

他大她二十多岁，给她传照片。照片里，他黑衣黑裤，长着一幅令人信印的五官。一个性温的中年男子。呆呆地看着荧屏，她觉得快乐。她喜欢生命的沉稳，会像阳光一样令人感觉亲切。是，她毫不掩饰自己喜欢以貌取人的秉性，也从不回避自己对成熟的渴望。

第一次见他时，他乘着公交而来，请他吃路摊的粗粮煎饼。从他的穿着及不太优雅的吃相看，她有些失望。看得出来，这是一个贫穷的郁郁不得志的男人。

真正的朋友不分贫富贵贱，只在乎灵魂的夕夕相通。她为自己一瞬而闪的念羞惭。因了那憨直的表相，后来，他还是成了她隐秘的朋友，唯一的朋友，无法与任何人分享的朋友。这个站在马路三两分钟食不甘味的男人幸运地捕获了她，强势地进入了她的世界。两个人漫无目的的在街边行走，她会偶然说话。他总是微笑着倾听，眼神真挚地将她抚摸，她感觉温暖。天色渐淡的黄昏，她已无拘。

站牌下，他在等车，准备回家。

知道你爱读小说，赠你一本书作为见面礼吧。说话间，他抚了抚她的头发，从随身的挎包里拿出一本厚厚的书来。她表情惊讶，可还是惊喜地接了过来。这本书的名字叫做《飘》。

你也爱读小说？

嗯。

那这本书讲的是什么？

斯佳丽，一个生命像野草一样的女子，还有白瑞德，他们的爱情……

还以为你们中年人都不看书呢。她笑，感觉紧闭的心门轻启。

我只是用书来打发时间的虚无，也算是对现实的逃避。暮色里，他望着马路对面的灯火，不动声色。

哦？她不置可否地望着他。

没什么，这就是生活，傻丫头。他又恢复了微笑。他的眼神能杀死人。

大巴缓缓地进站，人潮黑压压地朝门口拥，他随着人流迅疾地挤上了车，连回头也未顾。

这座残酷的城市，他的肩挑起的天一片灰暗。每天挤着大巴上班，辛苦地奔波，为生存将自己出卖，生活却愈来愈挑剔。日日朝九晚五，天天千篇一律。房子，孩子，票子，用努力的工作来填补一个男人的面子，庸碌地在尘世拼智拼力，比拼谁比谁更齷龊，人心设防隔离，其实日子只是陀螺，这就是现代大城市底层生活最真实的写照。

他知道，他的大势已去，人生已成定局，穷途末路地坠落着，而她，却如早春的幼苗，抽着清新稚嫩的绿芽。他还是危险地被她诱惑。

他感觉疲累。这个世界如此地令人辛劳，他需要将自己奢侈地犒劳。

他们熟悉得很快，相见的次数愈来愈多。

有时候他会显得大方，带她去北大街环境幽雅的西餐厅吃饭。他们不谋而合地坐在角落，避免成为餐厅里令人瞩目的主角。吃完饭他们会沿着城墙根一起散步，偶然会驻足，听二胡咿咿呀呀地诉说。夜色将至时，他会在城墙跟下兴致勃勃地吼一段秦腔。围观的人很多，掌声哗哩哗啦，她觉得仰慕。华灯初上时，他们坐在护城河边的凉椅上天南海北的侃，间或，他会给她买小瓶的果粒橙喝，掏出打火机，坏坏地给她点烟。她冒着烟圈，扭过头，暧昧地朝他的脸上哈。指间的烟火明灭，烟灰长长，风一吹，轻盈地飘散在风里。

大多时，他们会长时间地坐在二环边省图书馆外的台阶上晒太阳，累了时，进阅览室阅读。进来看书的人都很年轻，学生模样的居多，个个散发着青春的气息。她和他安静地坐在一起，两个人低着头看书，偶然会悄悄地耳语，和谐得更像是一对父女。但这丝毫不影响两个人相处的快乐。他用自己坚硬的壳，守护着她软弱的心。她觉得安适。别人的眼里，这样的搭配令人诧异，也许混乱，人们用异样的眼光不停地将他们扫描。她拉过他的手说，源潮，走吧，我们一起回家。

情感上长期的营养不良造就她的精神不振，只要快乐，其它都不重要。两个内心同样空缺的人就这样地相互吸引。我是蛾，热烈的投入，靠近光，靠近热，不惜沦为粉尘，就算他的欲望或寂寞，只是借着爱的光芒，来寻我。

她漆黑灼亮的眼神将他凝望，她要与之相恋，要粉身碎骨地燃烧。

抱抱我，她轻恳。他是她的花好月圆。

带我走，一起飞的远远……

他与她，正在脱离尘世的路上。充满缺陷的人生里，彼此都是一个激进的完美主义者，尽管，那么微弱。要么拒绝，要么极致，是各自对理想爱情至高淋漓的诠释。清寒率真的女子，眼里流转着千言万语，内心的天地里，沉浮着自我的沉醉。

他们在远郊租了房子，大概十多平方米，开始正式同居。

这世界，或许本身就是破损的，不完美的。两个人的天地，彼此靠近一路火焰。而火焰，是有杀伤力的无力挽回的，这必然注定，会引燃他人，灼伤自己。

起初每天，两个人相守，不停地做爱。他会将她抱在怀里，抚她的头发她的脸，静静地听她说话。下班，他总是急急地回家，系了围裙，进厨房为她做饭。晚饭的时候，熄了灯，定是要燃根蜡烛，再倒点红酒，两个人一起愉快地碰杯。他令她感动。她觉得暖和。

这样的日子好景不长，因为单位裁员，他终于失业。没有经济来源的日子捉襟见肘，两个人开始吵架。盛怒处，他会砸碎啤酒瓶子，用粗鄙的方言辱骂她。她震惊地望着他，满脸陌生。生活残忍地现实着，金钱的贫穷将她的爱情打得面目全非。

捡着地上残乱的玻璃碎片，她的心在滴血。

原以为，他会分享她的忧欢，一任她来缠绕。真心的付出令人失望，她把自己耗得太过彻底。爱情是什么？爱来爱去，原来他最爱的只是自己。不过如此！

她收拾好衣物，准备离开。他从床上跳下来，跪在地上抓她的裙子忏悔，说他爱她，求她不要抛弃他。她拂开他的手，一脸冷静。恼怒处，他劈头给了她一记耳光，骂她扫帚星，害他失业，害他妻离子散。他说她毁灭了他，改变了他正常的生活，这不是他想要的生活。然后一天早上，他不辞而别。他终于消失。

火焰终究会熄灭腐朽，他选择了逃离。蓦然回转，她的手心一片空白。

她的眼泪像潮水一样翻涌。泪水是妥协，是让步，大抵真正爱过的人都是如此。

她回到县城，找至他家门上，唤着他的名字，说她爱他，恳他回到她的身边。一个粗俗的妇人站街咒骂，挥着扫帚驱赶她，她抱头，只是蹲着，一声不吭，一任眼泪打湿脚面。那个她热爱的男子不见踪迹，总是闭门不见，追急，他终于出现，于众目睽睽下，痛殴她，恨入骨髓的重量。意志轰塌，尊严被踩在烂泥里，无知无觉。

她一直记得他深情的眼神，他的气息，他的怀抱，他指尖划过皮肤的温度。可这个什么都不能给她的人，将她炽烈的感情打回原形，留给她的，只是崩溃。她的爱情，如上证的 A 股，疯狂地冲到历史的最高点后，又一路狂跌地崩盘。就连转身也未顾，却已各自天涯。

原来人与人的感情，实在脆弱，像迟早要谢的花瓣，繁盛的只是幻觉。

她蜷缩起身体，开始沉默，无缘无故地哭泣，不洗不漱，沉堕败落。

烟花绚烂的终极是熄灭，她的爱终于死亡。

有些人的生命，划了某些不可逆转的痕，便有一道门，被永久地关闭。那是伤口，一个难以结痂愈合的伤口。灵动与活力，从此微光。

许多情感缺失的人总是这样，内心空缺什么，就会幻想出一个近乎完美的欠缺。弱者，对缺陷的向往总是不以自己的意志为转移，无法自控，只是依着本能，似飞蛾扑火，这必然，会是绝灭。

其实，每个女孩，都会有一个能给予灵魂招来光明的男人。

轻易地放纵与沉溺，那不是对孤独的解救，而是残酷的刑罚！

再见他时，已是十年之后。她没想到还会再次地相见。

她一直在南方漂泊，颠沛流离的感觉。她总是一个人，她注定单身。她的爱情已经死亡。弥留之际的外婆日夜地思念她，哭瞎了双眼，她只想最后见她一眼。

她连夜坐着飞机抵达。她回来了，小城。

医院的病房里，她抓着外婆的手，疯狂泪流。外婆的嘴唇一阵哆嗦，所有的想念瞬间放空。放心了，她终于撒手，溘然而逝。世界上最疼她的那个人去了，还会有谁像她一样牵挂她疼惜她？她伏在外婆的身体上，哭得喘不上气。

陪外婆去太平间的时候，昏暗的走廊长长，她看见了一个似曾相识的身影。源潮，源潮，是你吗？

他回过身望她，眼神光怪陆离，他已不认识她。

她的脸色苍白无血，眼里满含泪意，可是丝毫不能掩藏她这些年来的巨变。她显得成熟，大气，眉宇若蹙，正是花朵最旺盛的季节。而他，潦草的头发，胡子拉碴的脸，佝偻着身子，愈发地衰老，和普天下所有的糟老头子一个模样。一瞬间，她百感交集，她原谅了他的一切。

自从她走后，他终于离婚，所有的金钱和房子都留给了妻和子。他净身出户。然后他发疯地寻她，却再也看不见她。他一夜白头。

他重病，胃癌晚期，大夫说，不必再治疗，时日已不多了。

埋了外婆，她开始不停地朝医院来回奔波。每天给他煲汤，听他说话，毫无怨悔地帮他端屎把尿。所有人都以为她是他的女儿。

他的身体已很虚弱，他的妻与子始终没有出现。生命的最后一程，她想陪他走过。现在的他们没有任何交集，她也不再爱他，唯一的理由是二十岁那年发生的那段往事。

晴颜，我多想陪你一起去看春天，给你做你最喜欢吃的醋溜土豆丝。我期待日子倒退，继续地坐在图书馆的台阶上等你。晴颜，你穿的那件碎花布裙真的很漂亮啊，我很喜欢。只是你要原谅我，我是有罪的，你是我这辈子犯的最大的浑。

说这些话时，他断断续续，大声喘息，终于说完时，感觉放松，如释重负的酣畅。他的脸上挂着平静地微笑，手指无力地下垂，神志开始模糊。

蹲在他的病床前，她摩挲着他枯瘦的手，记忆的片断浮出黑暗的海面，她不禁涕泪长流。

源潮，我从不曾恨过你，我们间没有对错。我现在只要你好起来，陪你去南门广场放风筝，听二胡，我还想看你再吼一段秦腔。

源潮，有些事情，上天已提前安排，根本不用你我操心，我接受尘世给我安排的任何结局，所以我感谢你让我迅速地成长。

源潮，后来我离开西安，去了深圳。只是再也不会对感情投入。本就两手空空的人，能放的，就放手吧。

源潮，人生本来就是孤独的，所以我不介意继续流浪，就算活个一千年一万年又怎样？尘世注定寂寞。最终的最终，我们都会归于尘土。

她突然发现她说话的时候他没有任何反应，她不禁瞪大了眼睛。

大夫，大夫……她失声大叫起来。

所有的护士大夫全涌了过来。一个年长的医生打着手电，翻开他闭着的眼皮看了看，摇了摇头。

他去了，这是他们最后的离别。他摆脱了尘世的束缚。

护工将他的遗体覆盖准备推往太平间的时候，她匍匐在他的床前，吻他的手，不让他走。她没有收敛地放声大哭，跌跌撞撞间，裤子上沾满灰尘，直至嗓子发干哭得嘶哑。好多的病人和家属涌了一堆，七手八脚地搀扶她为她揩泪，默默地陪着她哭。

源潮，你只是累了，我知道，你是累了。你的离开，将往事摧毁得灰飞烟灭。我将背负着你继续在人世放逐。她半跪在冰冷的地上，哭得无力自拔。

人世的生死，因爱而变得扑朔，这是一场短暂的水月镜花的戏。

他死了，将最绝色的伤口留给她。爱了，散了，负了，聚了，在那昏花老眼轻轻合上的刹那。没有人能够理解她的伤心，只有她知道，她已不再爱他，她只是哭她逝去的那段岁月，哭那当年眉宇间含笑的英姿男子。从此两相陌路了，烙印注定封尘。

一月间，接连送走了两个世界上最重要的人，她真切地感觉到身体的颤抖。她的心脏跳得很痛，一个无法填补的黑洞放大放大，一个抬眼，竟是阴阳两隔。刺骨的惆怅寒冷，她感觉恐惧，不知何去何从！

谢幕了，她的前半生，她的灵魂瞬间放空！

2010 年 12 月 4 日

设计院男子

房间里的暖气烧得很旺。一个人的时候，可以穿很是单薄的衣服，趿着凉拖，在瓷砖地板上走来走去。这是属于我自己的家。

我想我会对过往遗忘。现状的不适在慢慢地习惯。

一直想感谢一些朋友，在我人生颓靡的低谷给予支持和帮助。比如 Sam。

我和 Sam 原来并不认识，我们在陪客户吃饭的饭桌上遇见。那时候，还不知道他到底做什么工作，只知道他是设计院的，一个设计部门的小负责人。他总是穿休闲装，敞着衣扣，运动鞋，头发服帖，胡须青青，脸温和，显得随意毫不起眼。

我毫不回避自己喜欢以貌取人的习性。有的脸干净而不失阳光，有的脸沧桑而交汇阴影，还有的脸似经年雨水侵蚀的沟壑，爬满了岁月的纹路。相较而言，我喜欢睿智成熟。而 Sam 的脸是什么，我看不清楚。

因同一个项目，我们谈了一些构想。反反复复，一来二去中，就这么认识了。他给我留了名片，我礼节性地收好，装进我的包里。

后来熟悉了，知道他比我小四岁，西安人，是那种勤勤恳恳努力工作的老黄牛。他有一个很爱他的妻，一个三岁的女儿，他的妻子和女儿常年在深圳，因了工作，夫妻俩不得不两地分居。这些与我没有多大关系，我知道那是一个幸福的家庭，我会因为朋友的幸福而祝福，这是我与朋友相处的最基本的原则。

他嘴巴挺甜，很有眼色，总是姐长姐短地叫我，所以我们熟悉得很快。渐渐地，我也能和他敞开心扉交流，表达对现状的不满。这个设计院男子，细心地倾听。他建议我考注册测绘师，评工程师职称，还推荐了好多专业的课件给我，给我勾职称英语阅读的考题。他说你必须奋斗，努力，只要你坚持，未来会很美好，相信我。

Sam，你觉得我行吗？

你行，我会陪你一起复习，考试。

他的眼神坚定，我觉得踏实，我听到 Sam 对我的肯定与认可。

复习学习的日子将我的寂寞塞得满满，我感觉充实，我将自己掌控。我强迫自己读一些生涩的英文句子，去想一些未来要实现的愿望。比如我现在只是一个小小的业务主管，如果有了工程师证，虽然不会发大财，可我的薪水还是会有所上浮。我喜欢自己赚钱，可以由自己的性子随意挥霍，出手就是上千块钱的裙子，出入环境幽雅的高档场所。

深夜的时候，我感觉寂寞，我的脾气也变得狂躁，我跟 Sam 打电话，说我的近况。我说我被上司在大会上批评，我与同事关系紧张，我还说我对英文根本没有信心，我对考试惶恐。我觉得自己简直一无是处，才处处遭人排挤。

　　Sam 鼓励我，凝姐，面对现实，相信自己，关于在职场，少说多做，永远是千古不变的恒律，你是一个聪明的女孩，你要相信自己，你一定行。我极度不耐烦起来，我说，你少废话好不好，没人当你是哑巴。电话那端，我听到 Sam 深深的一声叹息。

　　那夜雨声很大，我打开窗的一角，听雨哗哗哗哗。间隙，有雨丝飘进，打在我的皮肤上，很轻地渗进我心脏的血液。漆黑的夜里我什么也看不见，整个城市被大雨淹没，只听到雨唰唰唰唰的声音。大雨让我的心脏和血液激烈地跳动，我知道灯火阑珊处的 Sam 一定还没有睡，他还在对着电脑听一章又一章的专业课件。那一瞬间我突然好想给他再拨一个电话，告诉他我可以对那些职场的勾心斗角满不在乎，我可以平复自己的心情每天学一点英语单词，我关了窗，放下窗帘，感觉自己充满了活力和激情。

　　手刚触摸到电话，铃声就刺耳地响起，我顺手接起，正是 Sam 熟悉的声音。他说，凝姐，外面的雨好大，记得把窗户关严实了。我说:Sam，你说得对，关于在职场，少说多做！

　　我们煲了好久的电话粥。我感觉热血沸腾，觉得自己愈来愈依赖他。Sam 的上进给我力量，我需要有斗志的人不断地将我鞭策，给我鼓舞，我害怕与社会脱节。后来的那段日子，我们通过邮件联系频繁，所谈的话题都与专业相关，偶然也会问好，嘘寒问暖，但很少见面。

　　和 Sam 来往让我快乐。一个淳朴、上进的青年总是令人徒生好感。久了，两个人已无拘，偶然会一起吃饭。在他面前，我感觉放松，说起话来更是端来直去，口无遮拦。比如有一次一起吃饭，我问他，Sam，你似乎喜欢比你年龄大的女子，我怀疑你的处男之身也给了一位姐姐，对不对？他的脸腾地红了，就连笑容都是忸怩，我感觉好玩，不禁大笑。

　　还别说，我随口的一句话得到了验证。Sam 放下筷子，一本正经地说，高三的时候，有点傻，认识一位二十六岁的姐姐。

　　我突然觉得有点诧异，心里突然温暖，傻气的 Sam，是什么让你对我心不设防？

　　后来我们一起参加计算机模块考试，临考前的那晚我感觉焦虑。我一直记得那种心神不宁的飘忽，思绪凝滞，顾此失彼。那夜风很大，满地落叶，我突然跟他打电话，支支吾吾。在他的追问下，我说我没什么事情，只是随便胡乱地打电话。他知道这不符合我一贯的行为作风，因为我从来没有主动跟他拨过任何电话。他调侃地笑说，怎么，凝姐，想念我啦？我像做贼一样赶紧挂断电话，我听见自己呼吸急促，寂寞在心房里升腾弥漫！

　　是的，没人看见我的寂寞。我的表相冷淡与世无争。没有人知道我是单身，带一个五岁的男孩，不停地搬家，颠沛流离，而且还抽烟，喝酒，长期失眠。

那夜我睡下后，反复地做梦，我梦见我抱着一个男子不停地哭，那种惆怅的疼痛将我一次次惊醒，醒时，眼角还浸染着泪迹。我知道所流失的再也追不回来了，它只会不停地让我梦魇。远逝的最好遗忘，能抛弃的就抛弃吧，我期待结局的美好。

第二天考试的时候，还在路上，突然大雨，而且寒冷。找到考场的时候，我浑身已经湿透。我听到有人在轻唤我的名字，我看到他披着雨衣，正站在考场的门口。他将一把雨伞递给我，又将一件宽大的男式外衣塞进我的怀里，掉头离去。一种温柔的情愫蔓延，望着他远去的背影，我发现我的快乐里夹杂着莫名的苦涩。

下了考场，雨已停住。我说， Sam，你得叫我姐。

算了吧，我觉得你只是一个需要人照顾的小女孩。他望着我，安静地说。

去你的，谁稀罕。可是一转身，我突然想掉泪。

走吧，我们一起吃饭，庆贺考试圆满。他笑着说。

坐在他电动摩托车的后座，掠过街巷里喧嚣的人声，我感觉自己有点醉，心里有一团火在烧，焦灼不安。

他宽大的男式外衣穿在我寂寞的身体上，风兜起，我将袖子伸到自己的鼻子下嗅，能闻见一种好闻的男人的味道。我将脸轻轻地贴在他的后背，轻微惆怅，有些人注定不属于自己，他只是一缕阳光，转瞬即逝。我听见自己内心轻轻的一声叹息。

万达广场里人声鼎沸，临搭的舞台在雨过的天里一片清新。

一个穿着白色西装的俊俏男子拿着麦在舞台上盛情地促销，引得许多百无聊赖的人纵情围观。我们从人群外穿过的时候，我看到一对男女在人窝里不动声色地四目凝视，她的脸轻仰，表情纯净，旁若无人地踮起脚尖，在他的唇上轻轻地碰了碰，迅疾离开，然后她抽出她的手，转头离去，只是几步，又频频回头，淡淡的笑容眼波荡漾，掩不住一腔的柔情蜜意……

混杂在人群里，这一幕被我尽收眼底，喧嚣被过滤，我听不见嘈杂声风声，嘴角凝着下意识的笑容，浑身却一片冰凉。我知道，爱是我的软肋。

我的身边也曾躺过一个男子，可是每当醒来，我都会发现他很陌生。那个长相还算英俊的男子，他的脸上流转着木然的表情，我看着他，心会刺痛。裹着皮囊的两个灵魂，像两条永无交集的平行线。他触摸不到我的灵魂，我也抵达不到他的对岸，我唯一掌控的，只是彼此肌肤的温度。我在阳光的眩晕中一次次流出温暖的眼泪。这样的日子过了很久，我断定其实我根本就不爱他，拙劣的演技无法继续，于是在两年前的一个夜晚，我瞟了他一眼后终于离去。我一直记得天寒地冻的那个冬夜，我的心很是寒冷。

凝姐，你相信爱情吗？我听到 Sam 轻柔的声音。

我相信。我相信爱一直一直在，过去，现在，未来，永永远远！

什么时候跟我讲一讲你的爱情？凝姐。

去去去去，小孩子家家地。

看着我的眼睛。他一脚撑地，回过身子，很是认真地望着我。

Sam，我的爱已经死亡，从此不再。我躲闪着那汪潭，笑容像花朵一样枯萎。

是啊，我唯一的爱情已经死亡，我很清楚我也曾深深爱过。望着 Sam 期待探询的眼神，我不想再说什么，疼痛的心筑起一道防卫的堤。

我看着他，然后跳下他摩托车的后座，脱了他的大衣，穿过街心十字的斑马线，融在人海里。我如此寂寞，寒冷，可是这一刻，我知道我的身后有一双温暖的眼睛在注视着我。

城市的建筑华丽，人情冷淡，我深陷其里无力自拔。灵魂不停地漂泊，寂寞夜夜地轮回，涂上鲜亮的唇彩，不知为谁？

继续沉溺在日子的贫乏里，送别一个又一个平淡无奇的白天和黑夜。我微笑地端起那红色的酒杯，麻醉的心瞬间天真。好久了，没有和 Sam 联系，也没有收到他只言片语的邮件，似乎彼此从不曾来过对方的世界。我一直坚持自己的自傲，从不主动地惊扰任何熟知的人。他在哪里？一个回头，他已不见。我在空荡荡的夜里不停斟酒。西安是座空城。我对爱免疫。我能直面花的凋零。我们只是彼此路过。我们的往来是空洞的，没有承诺。不再期待感情。心刺痛，以为就这样地，我们将彼此淡忘。

一次正在上班的时候，手机在响，意外，居然是 Sam 打来的电话。

Sam，你在哪里？

在你单位的外面。

怎么？有什么事情？我望着窗外淅淅沥沥的小雨。要不，你等会，我马上下来。

我看见 Sam 斜着身子，靠在他经常骑的摩托车上。他脸色憔悴头发乱糟，雨水顺着发梢在他的脸上淌，肩上湿漉漉一片。这个男子，他一定受了什么伤害。

我撑了伞，站在街边。

他直起身子说，我和她吵架了。

我马上明白了。哪有夫妻不吵架的，过两天就会好。

不，这次很严重，你不懂，不懂。他说话的语气有气无力，毫不隐晦地暴露着他的伤心。

我说，你冷静。

我不知道，不知道怎么办？她要和我离婚，如果有一天我离婚了，你说，你会嫁给我吗？Sam 的语言里满是失魂落魄。

别扯了，你开什么玩笑啊，Sam。那是你家庭的事情，请别牵扯我。

我说的是假如，回答我，你会考虑我吗？他期待地望着我。

我感觉到问题的严重，大脑在飞快地旋转。工作孩子孩子工作，千篇一律的贫乏，这是我反复做的事情，一目了然。还有就是吃饭睡觉，就是等死。从未觉得会有一个伴侣出现在我的生活，打破我的孤独。我想骨子里我还是需要有那么一个人，在雨里给我送一把伞，每天每夜守在我的身边，握着我的手，看着我渐渐地沧桑。可是，那个人不是他！

我想我不会捡别人剩下的丢弃的东西，任何。你应该懂得，Sam。我不露声色。

哦，连你也不要我。他如遭重创，表情灰暗而失落。

Sam，听我说，你会好起来的，会好的，这是暂时的。

那天晚上我们一起吃饭。他的情绪稳定了许多，偶尔也会微笑，与午间判若两人。

我想你得过正常的家庭生活，如果你拒绝，你会一辈子孤独。Sam 说这话的时候，眼神里满是怜惜。我感觉到一个男子的宠爱。他在宠爱我。我想男子大抵都会对需要保护的柔弱女子充满爱欲。我知道，这是一个真心关心我的男子。他窥见了我内心的苍白和颓废。

我不想和眼前的这个男人讨论自己纯私人的话题，他只是我前进路上的加油站，我不能解释这种感觉。那是一种无法触摸的味道，不是爱，不是婚姻，也不是纯粹的友谊，可是，他真切地进入过我的灵魂。我迎着他的目光一字一句：我不会惧怕孤独，Sam。他的表情诧异，瞬间黯然。

我看到城里的灯火一盏一盏地亮起，暧昧闪烁。陌生的人群来来往往，瞬间消失。

我要走了，Sam。

嗯，记得要联系，好吗？

好。

在站台等车的时候，我们都没有说话。车来了，我拥进班车里，朝他挥手。

我望着车窗外的 Sam，他的眼神像风一样掠过我的头发。想起过马路的时候，他轻轻地将我的手握在他的手心,到马路的对面,以后各自散开。

我知道一个人漂泊太久，会很疲倦，可是，我痴迷流浪的荒凉。

是，没有谁能将我带走，没有。

2013 年 4 月 25 日

光的使者

她到巷口接他。

远远地,她从人群里一眼认出他。他穿着浅灰色 T 恤,推着自行车,朝她腼腆地笑。他整个人瘦了一圈,这倒显得眼神愈发地炯炯。

她说,天宇,你瘦了。

他无言地笑,一脸阳光。她又闻到他身上那种熟悉的味道,那是很久以前令她神往迷醉的男人的味道,很纯朴。他说,我来给你送计算机考试的资料,这些,是我今天才买到的,我想你会需要。

谢谢你,天宇,可是,不要对我这么好。

呵,好好复习吧,没几天就要考试了,你要抓紧,我建议你把这五个模块一次性全过了,不要再拖。

你不应该这么看好我,连我自己都很没有信心。

不要这么说,只要努力,你就一定能行。

天宇……

……走吧，我们好些年没见了，找个地方吃饭，一起说说话。

他们在几年前就已熟识。那是一段被黑暗肆意侵蚀的岁月。

彼年，他有妇她有夫。她憎恶自己的生活，强烈想要挣脱，几度自杀。而他，胡须青青，衣衫干净，四平八稳地在一家口碑甚好的设计单位供职。因为业务，神差鬼使的两个人相互吸引。不久，他们开始筹谋逆天，不顾一切，鲜血淋漓，疯狂地计划叛逃。那时候的他们，只想放弃一切，去一个毫无瓜葛的地方，隐匿低调地从头开始。然而事实是，今天的他们，依然在各自的轨道上正常运转。他们都是怯弱纯善朴实和顺的人。他们对现实妥协。

现在，两个人都发生了很大变化。他不再是那个晦涩桀骜的男子，而她，沧桑的脸上表情镇定。虽然岁月将他们打造得坚韧沉着，然而，目光相遇的刹那，依然能感知到彼此内心暗涌的欣喜。灵魂上孤立无援的人，即便隔离再远，怀恋的眼神还是会毫不留情地将他出卖！但凡真性情的人都是如此！

他们简单地吃了便饭。然后她客气地邀他去家里坐坐。

两个人在熟悉的街巷行走，一下全哑巴了，沉默不语。这条巷子熟悉而陌生，两旁是老旧的建筑，街道依然熙攘，窄小。巷子的尽头，曾经偌大的菜市场已经拆除，旁边的工地正在施工，拔地而起的几座高楼快要竣工。一切如旧，一切又似生疏。

那时候，他们的联系很密切。他找她的时候，经常会穿过这条街巷。他会到就近的水果超市买一袋袋新鲜的水果，去附近餐馆的某个角落安静地等她一起用饭。

他是一个不善言辞卓尔不群的男子，她仰慕他，欢喜着他对她的喜欢。是，她一直倍感孤独，萎靡不振，直至最后丧失了生活的全部斗志。她万念俱灰，心灰意冷。啊，活着，活着是多么奢侈，还不如死。这节骨眼上，她与他相识。遇见他是命运对她的殊遇。这个盲目相撞的男子，他赞赏她，认可她，鼓励她学一堆堆的专业课件。槁木开始逢春，死水泛起涟漪。他是她黑暗漩涡里的一盏灯。

世间的万物总是这样，没有阳光草木会停止生长。承恩雨露枯草会迎风招展。自然而然，她的业务能力得到了大幅提升。被老总嘉奖的时候，她百感交集。她感觉死亡遁逃，崩塌得不值一提，生命力出奇旺盛。

然而，在决定私逃的前夜，他开始退缩。电话里，他吞吞吐吐，他说他舍不得年幼的女儿，丢不下年迈的双亲……够了够了，原来我一直在你的生命之外，天宇，你记得，这是你的选择，从此，我与你毫无关联，两不相欠。总有一天你会后悔。她歇斯底里，摔了电话。

残局收整，生活趋于平静。她收拢了抛给他的那条红线，从他的世界彻底抽退。

后来的这些年，他们再也没有相见。通过网络，他坚持给她留言，或者发邮件，内容全是关于专业的话题或信息。可是，她总是硬着心肠，少有回复。

她决定同意与他在巷口相见的时候，已明确地叩问过自己。现在的她，心绪宁静，没有爱，也没有恨。他只是她生命里的一滴水，无声无息。

他们一起走进小区。然而，踏进楼梯的刹那，她的脚步开始迟疑，神情显得局促。

这几年来，她和儿子一直相依为命，生活的艰辛将她打磨得更为沉静。此刻，记忆的闸再次打开，将曾经那个天真稚气的女子迎面推来。那时候她还年轻，儿子也很幼小，五六岁的样子，他们经常带他一起游泳，去游乐场。现在，当年薄弱依赖的小家伙已长成翻跹少年。时光将凛冽的爱恨湮没。浮尘浪世，短暂的南柯一梦。想起少年干净明亮的眼，她突然失了勇气，感觉压力，畏惧。

他轻笑，似乎一眼望穿。他说，我与小家伙问个好，立马告别。不管怎么说，我与那孩子也算相识一场。他的声音非常诚恳。

她显得拘谨。天宇，其实我刚好有求于你。这段日子，家里卫生间和厨房的电路出了故障，我一直束手无策，既然来了，顺便帮我收拾下。我对马路摊上的陌生电工很不放心。

原来这样啊，傻瓜，让我来帮你。他的脸上焕着亲切明亮的光泽。

他们推开家门的时候，家里乱七八糟，少年还没回来。

她赶紧烧水泡茶，切西瓜，朝桌上手忙脚乱地端。他直接奔赴至卫生间，厨房，来来回回地穿梭，细心检查着线路。

这期间，少年回来了。他的眼神清透湛亮。在她的稍稍提示下，少年立马认出了故人，讶异而欣喜。两个人手拉着手，亲作一团，更像是一对久别重逢的父子。

走廊里，他关了总电闸，少年仰着头打着手电，他在手电筒微弱光线的照耀下，用钳子绞着电线。黑暗里，两个人蹲在地上，头凑着头，拆卸着插座上的螺丝，叽叽咕咕。

钳子，榔头，起子，钉子，叮叮当当，十八般武器全部使上。少年神情专注地跟在他的身后，间或会搭把手，好奇地问东问西。他总是耐心倾听，不厌其烦地解释示范。六月，这个盛夏的夜，黑暗的家里闷热，两个没有陌生感的男子搭配和谐，汗流浃背，忙得不亦乐乎。中间，少年会摸黑端了西瓜朝他的手上塞，大声地逼他吃。

她驻在黑暗里，突然不知该说什么，觉得亏欠那少年太多。这孩子，他的眼神像月光一样纯澈，可他缺少一个亲如兄弟的父亲。她知道少年已经长大，现在的生活已成定局。好吧好吧，认命吧，生活继续，各自老去。这是天的定数。

晚上十点多的时候，家里的电路故障完全排除。屋子里灯火通明。她送他下楼。黑暗里，他推着车子，淡淡地说，回去吧，孩子还在家里等着呢，然后头也不回地消失于夜色中。

屋子里，灯光很亮，黑暗彻底被摆脱，光从指尖滑过，将心的各个角落照亮。

现在回想来，那些若干年前暗无天日的往昔，更像是一场空穴来风的杜撰。

可是，只有她知道，他是光的使者。因为黑暗里的那盏灯，使她多活了几度生命。

2013 年 6 月 29 日

尘埃

漫天飞舞的沙尘，是人们破坏环境而自掘的坟。就连房间都散发着土腥的气息。

街上的人们戴着口罩，人人自危的感觉。滑稽，GDP 上去了，人们的生活好像并不见得幸福。

在这个肮脏、世俗的北方城市，卖力工作，找寻爱情，安家，这是一个脆弱女子最尘埃的梦想。她若有所思地躺在床上，把书覆在脸上，一个模糊的影子突然从心海里涌起：卡卡，一个活泼、开朗、朝气的女孩！

去年这个时候，她们相识，常常一起聊天，逛街，开始朴素地交往。女孩偶然会脱离自己的公寓，和她做伴，就这样，两个人开始断断续续地一起生活。

也好，一个人颓废太久，跟死人差不多，有个活力四射的人来一起消磨未曾不可。她知道她的收入不多，空荡的家里，似乎开支增多，好久以来，她对自己加倍苛刻，新衣服没有买过一件，但是只要卡卡喜欢的，她都会尽力买给她。她对小家伙的依恋一天天的繁盛，她清楚，也许因为太过寂寞。

窗外，破旧的阳台上，女孩摆放了一溜长串的盆盆罐罐，里面土质松软，开着淡蓝的、鹅黄的小朵雏花。阳光破窗而入，绚丽的光线映在她苍白的脸上，她快乐地抬头，女孩的眼睛正明亮地注视着她，一张健康明朗的脸。她说，卡，和你在一起，我感觉很幸福，我喜欢家里有大自然的气息，蓬勃，欣欣向荣，你看，客厅里有鱼儿在鱼缸里游来游去，阳台上有花儿在抽芽吐绿，就连墙上都挂上了漂亮的十字绣，这些都是你亲手侍弄的，我感觉到生命力。生命是美丽的。

等着吧，总有一天，我要让家里的墙被绿色覆盖，钻进被窝，你都能闻到好多植物的清香，而不是灰尘。亲，这是我最大的梦想。卡拉过她的手指，微笑地看着她。

她被卡的笑俘虏，感觉到生命的勃发，同时内心里泛过一阵疼痛。她不确定目前这良好的状态能够维持多远。也许三年，五年，但不会是一辈子。她们走不了一生，她们都是女孩。其实不管走多远，她满心感激，毫无怨言。卡是自由的，她还那么年青。生命里所有爱过的人最终都会一个个的离开。她们的归宿是永恒的。她珍爱与卡相依的每段时光。

只是她不想再做漂浮不定的颗粒，貌视心不在焉地飘荡，其实很可能就是未来灾难的源头，正如动物和植物的灭绝一样，他们在宇宙尘埃的缓慢作用下，逐渐消亡！是的，是死亡，她不止一次地想到死亡！

可是现在她不想死了。感谢卡，它借绿色令她的生命丰满。望着卡青春的面庞，她觉得血液流淌，意气风发。

神采飞扬的日子时断时续，因为忙碌，两个人时常不能照面。春节，又是一个小别。卡走了，房间里空空荡荡，她一个人窝在房子里，感觉暮气沉沉，心神不宁，失眠重新地将她缠绕，心中是一丝一缕的想念。她渐渐明白，原来不知几何，卡已融入她的生活，成了她精神的最大支柱，强大伴侣！

女孩那旺盛的生命力，似浸了大麻的蜜酒，她变得依赖，不可救药，她需要卡给她毫不间断地输送能量。于是她发短信给她，问她什么时候回来，和家人在一起是否快乐？

两天后，小家伙拎着大包小裹的行李要回来了。她把闹铃定在清晨五点。

天色未亮时，她被刺耳的铃声吵醒，穿着棉厚的睡衣，趿着棉拖，下楼去接她。天黑蒙蒙的，整个小区还在沉睡，寂静，肃穆，只听到寒风那凛冽的声音，她不禁用力地裹紧了身上的衣。

一个模糊的黑影愈来愈近，她的心跳开始剧烈。远远地，那个黑影俯下身子，丢下随手拎着的行李包，张开双臂，朝她飞奔而来。一刹那，她被黑影覆没，黑暗中，熟悉的气息将她包裹。卡，我想念你，我真想念你，她伏在她的肩头，喃喃颤抖。

她们手牵手一起上楼。从卡进入房间的刹那，她感觉这间屋子不再寒冷，有了人气。空空的冰箱塞得满满，油糕，鲜肉丸子，羔羊肉，黄河滩枣，这些，都伴随女孩一路风尘。她笑了，发自肺腑，原本空荡的房间，瞬间有了烟火，这是一个家最基本的特质。

试问，什么是幸福？她想，但凡幸福的家不过如此吧！

这个轻易满足的女子，一介尘埃，微不足道，因为毫无价值，所以与婚姻不告而别。性格的敏感、忧伤，注定了她个性的孤僻，女孩的出现给她荒茫的人生洒进了阳光，她觉得自己变了，变得热爱人生。

她给自己重新规划了未来，列了许多现在要做的事、想实现的愿望，一副胸有大志的样子。对身边朋友的虚情再也不会沮丧。默默加班，思考，吃简单的水果，还报了职称英语考试。状态的调整让她每天都有收获，哪怕是无聊地对着镜子练习微笑。

是，对敌人微笑才算真本事。不止一次地，她在内心里暗暗地说。

其实人人都是世间的一粒尘埃，她不再因为孤单而卑微，生活的晴朗让她重新建立了信仰，她继续行走在人世的苦痛之上。

今天，这座北方的城漫天沙尘，可是她感觉到了未来的美好。努力，只要努力，明天定会是一片蓝天，这样想着，似乎小房子换成了大房子，黄沙不再满天悬浮，那些尘埃正静静地凝成水珠，一滴，两滴，将整个心房打得湿漉漉地！

2013 年 3 月 10 日

熟落的果子

沙尘暴刚过，天气有些凉意，拢着淡淡的雾。这些丝毫阻挡不住新芽秘密生长，那些影影绰绰的绿饱含激情迫不及待，倒也显得灰灰的街有些生机。

春来了，已三月，桃花开了，桃子也要成熟了罢？果子的熟落是迟早的事情。世间万物的生长超乎人的意志。生物的繁盛或颓败，亦如人的生老病死，这是天罗地网里无路可逃的自然法则。我做好了从容面对的准备。

一个人在街边走，等车，去医院看望做了手术的母亲。

推开病房的门，一眼看到那个从小将自己带大的妇人，此刻，她正躺在床上，一只手无力地搭在床边，手背上白色的胶布触目，正连接着吊瓶输液的针管。看到我进来的刹那，她的眼神平和，曾经的要强固执荡然无存，脸色苍白，带着深深的疲倦。

我的心里有些愧意。长久地隐居在城市，除了上班，很少出门，见她老人家的日子更是屈指可数。自从带着"壮士一去兮不复还"的决心舍弃婚姻后，那片生长的故地，更是只能在旧梦里了。生命是残缺的，我的人生注定会缺席男子。亲人们总在推翻我的谬论。母亲的哭泣不能解决任何问题。为了躲避压力，我选择沉默，长时间与故乡保持距离，继续按照自己内心既定的生长轨迹运转。

栖居于天地的怀抱，我无限地放逐着内心的自由。独立是我强大的精神系统。所有关心我的人们认定我在黑暗里摸索前行，他们的劝阻令人疲惫。我很清醒，其实这是我的新生。我没心没肺地继续赶路。放眼望去，似乎大家都很忙碌，要好的姐妹在专心地相夫教子，旧日的同学也是天各一方。没空时，我们打马而过，偶然得空联系了，共同的话题微乎其微。这些丝毫不影响相见的快乐。昏暗的光线下，一帮不再年轻的男人女人聚在一起打牌吹牛，或者去 KTV 喝酒相互鼓掌。我坐在包厢的角落内心怅惘，心一度飘得很远很远。我一直比常人更孤独，也不想轻易改变。浑浑噩噩间，日子便送别了一年又一年。

我想若不是母亲生病，我依然选择继续流浪。

医院座落在县城的繁华地段。外科的走廊狭长。护士的大褂惨白。她躺在简易的钢丝床上，静静看我，一句话还未说，眼圈倒先红了。我在内心暗自叹了口气。

小妹说，手术很成功，病灶内的结石呈鹅卵石状，很漂亮，并拿给我看。

我慢慢地坐在床沿，简单地问询她的病情。她皱眉，摆了摆手，嗓子里发出一声痛不可忍的呻吟。我看见她微微闭上双眼。显然，因为伤口的疼痛，她无力回应我。

我怔在那里，内心刺痛。面对这憔悴苍老的妇人，我对她的专制苛刻没了任何不满。她让我感觉怜悯，格外珍惜。

妈妈，咱家的老房子开春了该推翻了吧？就依您的意愿，我们在院子里辟一块地，种你喜欢的蔬菜或植物。

妈妈，您的外孙儿又长高了，更帅了，他的语言也更流畅了，虽然调皮，可还算懂事。

妈妈，我恐怕很难再次结婚，好在这社会女子可以出门工作，一个人孤单其实没什么，自己不能养活自己才是可耻。

妈妈，我很少设身处地地考虑您的感受，对不起，对不起！

……

我亲吻着她蜷曲的手指，喃喃自语。我需要她利索地在家穿梭，继续打电话来不厌其烦地唠叨我。一瞬间，我强烈眷恋，我的苦难不值一提。

她睁开困倦的眼看着我，脸色温和，我看得出她内心深深的疼爱和牵挂。

摩挲着她的手指，我百感交集！无论万物怎样轮回，她注定是我的根。

想起这么多年来发生的事情，似乎一直落魄动荡。天性里我是一个对婚姻十足向往的女子，可是却游离在家庭之外。也曾尝试着放低自己无偿付出，换回的却是对自尊的一次次侮辱。我很失望。我终于发现传统的家庭生活离我愈来愈远。

人生是什么？就像所有的果子一样吧，一会儿酸，一会儿甜，哪一种味觉都不可或缺。所以当所有同龄的人香香糯糯享受俗世的幸福时，我提前凋谢。我注定是早春里早熟的那一枚果实，提前熟落。大自然的威严令人内心敬畏，我无能为力。

这是我截然不同的人生！

果子的熟落亦如人的重生！我以自己的方式重新投进母亲的怀抱。飘离的刹那，我没有慌张。风穿过我的身体，我脐血凝结！

每一个果子都是树分娩的婴孩，我想，它会感恩！

2013 年 3 月 16 日

梦

2012 年 12 月 21 日，传说中的世界末日，冬至，一个霜降愈浓的季节。

有关世界末日的谬论，早就在耳畔不停地聒噪，小儿拖着哭腔，三番五次地打来电话进行求证，我的解释已失了耐性："死就死吧，有什么大不了的？没出息"！

和往常一样，我按时起床，上班，去菜市场，一脸的波澜不惊，旁若无事。只是天气变了，变得愈发寒冷，偶尔大风，偶尔碎雪。若说末日真的要来时，我唯一遗憾的是：我的梦才做了一半，剩下的那一半，随着世界的毁灭而埋葬。我极致的梦，终破了幻想！

有时想想，自从婚后，我居然没做过一场像样的梦，什么远大的理想、抱负、前途，这些从不曾进入我的梦。我的梦只是男人，女人。其实在现实生活里，我对男人保持着高度的警觉，对一个男人深恶痛绝，十足的厌恶。

某一阵子，生活颓废到想要自杀，我不停地梦到那个令我讨厌而又熟悉的男人，在梦里，我抱着他不停的哭泣，那真是一件令人十分奇怪的事情，那么痛恨的一个人，却频频造访我的梦，一个朋友跟我这样地解释道，当你那么讨厌一个人，却还会在梦里抱着他哭，只能印证你现实的处境是多么的糟糕、无助！

　　我的心一阵抽搐……以为天长了，就会地久，以为日久了，就会生情，不料世界也会末日，人除了生情，还会生恨。那个最美的季节，借出差旅行，登山至浑身发软，让脚和鞋子都喊出疼，没什么没什么，这些都不重要，重要的是，没了他，我很好！

　　终于，他在我的记忆里变得很淡很淡，淡到看不见，他的笑容，那些一起走过的小路，已日渐模糊。

　　我在世界继续行走，发现光一照射，梦就开始逃遁。原来人只有在光的照射下才能摆脱噩梦。夜幕的降临是梦的死归。黑夜里，我的梦萦着恨，仍然围绕着男人，女人！

　　真是虐心。悄寂的夜里，闭上眼睛的时候，常想我是不是不应该读书，也不该走出那个小村子，在村子里，我可以等媒人上门来说个男人，如老辈的女人那样下田，烧饭。一辈子，进一扇门，上一个炕，和一个男人睡觉，等我人到中年的时候，我的男人会为我翻修一瓦房，砌一院墙。收成好的季节，他会兴致勃勃地用自行车驮着我去赶集，老了的时候，我们背着手在田边转悠，果真看上一块地方，地势也好，风水也好，指着它给儿子说，等我死了，就把我埋在这儿，陪你目不识丁的爹，他坐在炕上哑巴着烟锅，就能看到对面山上埋我的坟，我也能看到他，我们朝夕相望，更像是一次搬家……我想那日子定是没有悲伤，就连棺木都是早些年自己提前相中的！

可是再也回不去了，我已读了那么多的书，见了村外这么多事，知道尘世花花，知道什么叫城市，还知道了"爱情"这个词汇，我想，就算回去也会心神不宁！

我没有回村，继续在城市飘荡，我想这个城市将是我这一生呆的最久的地方，也许会把我的命搁在这儿。这里没有村口那截被人锯掉的树桩，只有高高低低的建筑，楼盘还在不停地开发，城市还在不停地扩大，曾经大片大片的麦田被人掠去，似乎一夜间，就被严严实实地藏了起来。那条上班下班、来来回回往返的路，已熟稔于心，车水马龙，热热闹闹，一派盛世祥和的景象。只有在夜静时，路灯下的路才会显得格外孤独，我看不清它的去处，也走不到尽头，偶尔有出租车疾驰而过，日复一日地碾压着人的远足。

认识一个有趣的朋友，很年轻，他说事实上我不怎么走那些路了，我要去一个地方，照直就去了。翻沟跳埂，水里草里，走过后就会发现，所谓的路不过是一种摆设，供那些在大地上瞎兜圈子的人玩耍的玩具。不信你去问问那些永远匆匆忙忙走在路上的人，他们走到自己的归宿了吗？没有。否则他们不会没完没了地在路上瞎转悠。路的归宿或许会让你失望！

我一直在咀嚼着他的这番话。某一个刮风的夜晚，再一次回味时，我的心猛地一震。总以为路的终点就是幸福，其实不然，它们也许会通向厕所，井房，池塘，臭水沟，荒草丛生的一户人家。呵，多么令人失望的归宿，又是那样自然而然！

瞬间，我成长了，我确信！

世界完好，太阳照常升起，我回头，身后的一群鸟都笑了，冲向远方。剩下的那一半梦还可以接着做，只是坚信的东西不再相信。于是在后来，后来的后来，无论梦怎样无法理解，会不会变为现实，都不重要，一切的一切，也终将原谅！

2012 年 12 月 25 日

书之缘

哇，这本书好好看哦，亲，送给我好不好？她的手里扬着那本由清代蘅塘退士选编的《唐诗三百首》。我接过翻了翻，里面有许多我用笔勾的经典和标注，定价，4.20元。这是本十八年前我上大一的时候买的一本书，古朴，典雅，毫不惹眼。

OK，拿去吧，送给你了，我表现得很是大方。

再给我署个签名吧，她得寸进尺，连笔都准备好了，及时地递到了我的手里。

此女酷爱诗，老妪遂赠之。看看，这句话怎么样？我笑得直不起腰。

要死……两个人嘻嘻哈哈了会儿，感觉空气都在劈里啪啦地开花，心情莫名地舒畅。

这样的一本书，你居然保存了这么多年，她翻看着，连连赞叹。

她的话勾起我的往事，让我想起小时候。那时候，常常因为迷书而忘了吃饭忘了天黑，少年的我留恋在书摊边，一本一本地挨着翻阅，我贴着墙，一呆就是多半天，像被胶黏在了墙上，直到被店主驱逐。后来店家认识了我，知道我是光看不买的主，一见我来，就虎视眈眈地瞪我，见我迟钝无动于衷，干脆踱过来从我的手上将书抢过。

真的感谢我的父母。我的父母是地地道道的农民，但对书近乎崇拜，从骨子里喜欢文化人，他们从我倔强的脸上看出了端倪，开始给我买书看。一直记得第一次父亲买给我的书是那本厚厚的《格林童话选》，三年级的我在那个下午跑到操场上找了棵大树，阳光洒在我的脸上，那棵很老的古槐散发着槐花的清香，风过时，素白的槐花飘落在我翻开的书页上，我用手指拈起，放进唇里咀嚼，甜甜的。

父亲不但给我买书，还教会了我爱书，我的每一本用过了的课本都平平展展，小学毕业时，曾想着将积攒了几年的课本贱卖，被父亲狠狠地训了一顿，再贵也不卖，闲了时好好朗读朗读，并不是所有能动的才是有生命的有价值的，书也有。

好吧。从此后，书跟着我走了很久很久，我从它的字里行间品到了人生百味，时常被它惹哭。爱书成病，不可治愈，执著而专注。一直记得那个口水溅脸上都怕怀孕的年纪，日记一本一本，书一摞一摞，我怀抱着它，在有阳光的日子，让它填满我的幻觉和迷惘……

就这样，满怀憧憬地，我长大了，和所有俗不可耐的凡夫俗子一样，也结婚了。因为经历，我的快乐愈来愈少，脸上被一种叫做阴郁的神情所垄断。有一次回老家，依然住在少年时代的房间里，打开柜子，看到角落里久无人问津的一本本泛黄而潮湿的书，这些都是大学的时候从废旧书市淘来的，那一瞬间，我感觉到它是那么寂寞，如我。我抖着手将它捧在我的手心，一本本地摩挲，再一次翻开时，那些字若绵密的细雨洒进心田，内心有一簇火焰被它浸染，我发现它印证了父亲的话，也印证了我自己的生命。秋日午后的阳光在我的身上跳跃，我将它一一地打包归整，快乐得像一只自由的小鸟。啊，跟我走，我振动着翅膀活泼飞翔，它们终于被我一箱箱地搬运回城里。

我把书柜填得满满当当，睡觉的时候，我的枕头下总会放置一本，每天晚上，都能闻到一种浓郁芳香的味道。耿耿的长天与黑夜，我不再是无聊寂寞的"必剩客"，书里的野兔会跳出我的视野，引得我跟它在田里欢快出没。有一次做梦，梦见一本本的书羞答答地开出了花朵，荒芜的山坡一片生机，突然发现花海里没有一片绿色的叶子，我想土壤糊涂了，长叶子这件事怎么给忘记了？我在，一直在呢，这么多年来，我始终飘零，若一片叶儿，默默地春发秋离。我在人世繁花的角落里依旧守护。

婆家的人并不知道我是怎样的酷爱诗书，他们更喜欢将房间布置得堂皇而实用。搬大房子的时候，我珍爱的许多厚厚的书本及垃圾被他们整了好大一堆，然后叫了楼下收破烂的男子上门来称，那天我恰巧出差刚踏进家门，眼前的一幕让我浑身发抖，我在垃圾堆里扒拉着我的命，感觉心在抽搐，看到两位老人家态度坚决，遂心一横，决定放手，挑捡出了几本实在难以丢弃的书后，我低头，背过脸去不忍再看，眩晕中能感觉到眼泪跌碎，打在我呆呆驻立的脚面上。那男子将它们和那一大堆的垃圾丢进那个大大的编织袋里，噫，谁能想到，那么大的两麻袋，最后只换得二十来元的纸钞……我一直清楚地记得那天，为了讨得他人的欢颜，为了融入世俗生活，我的灵魂变得荒芜而空洞。

心被抽空，感觉寒冷，没有能量可以传递，会冻僵，会死。

我豁出去了，只想将心掏空，过没心没肺平淡的生活，那么多人都说，愈是头脑简单读书少的人愈容易体会幸福，但凡不幸的人，都是读书读傻了。我也想让自己傻傻地幸福地生活。那阵子，我憎恨它，冷落它，我想慢慢地生活会截然不同，会幸福，日子过了很久，却发现没它时灵魂是这样地空，内分泌失调，脾气暴躁。在工作空闲的某一个周末，我带儿子去小寨的汉唐书城拜访它，这里，没有人将我和儿子驱逐。见它的时候，它正静静地躺在书架上等我，那一瞬间，我很放松，眼里焕发着灼灼的光彩，伸手，将它温柔地拥在怀里，平庸的脸上充满了水分。我终于明白，它是我的氧气我的水，我的一切命脉都被它掌控。它粉毁的时候，我的胸口会痉挛地疼。我终究妥协，我知道我再也离不开它。

我要和自己的最爱拥抱着到死，再也不用为了谁而扭曲自己，那些被我遗弃的和垃圾纠缠在一起的书背负在我灵魂里了。

那是一道流着血的伤疤。

这本死里逃生的《唐诗三百首》，它跟随了我十八载，我在哪里，它就在哪里，今天，我将它赠给朋友，其实我想这本书应该感谢我，我闻得它的芳香，我懂得欣赏它，也有力地将它完好地保存了下来。女孩将书拥在怀里，无限娇慵，如我一样珍爱。细想来，我被迫丢弃的东西实在太多，手里这唐诗却一路相随，也许冥冥中，唐人才是我内心真正的酷男人，我会因它而感觉到心里有爱，其实没什么，这样也挺好。

2012 年 11 月 26 日

岛屿事件

因为岛屿事件，全国掀起了抵制日货的高潮。

这段时间，西安更是热火朝天。下午，和小子扯起了关于动漫的话题。我半开玩笑半认真地说，儿子，从今天开始，我们也抵制日货，你再也不许看日本动画片了。小子一听急了，大喊凭啥呢凭啥呢，不让我看日本动漫会要了我的命的，我是看着日本动画片长大的，蜡笔小新，火影忍者，海贼王，全国一亿多的人和我一样都很喜欢呢。

那你可以看中国的动画片啊，为什么非要看日本的呢？

我才不看中国的呢，幼稚，垃圾得很。儿子的言语铿锵有力。

小孩子家家的，本不想和他计较，可他过激的言语还是深深地刺痛了我。对于日本，我是痛恨入骨的，我想很有必要让他了解一下历史。

找了个纪录片。整个下午，我们就这样一起靠着看视频。电脑上的画面偶然会卡住。空气有些湿润。悲愤流进身体里面。鼻翼轻微颤动。会为情节流泪。似乎更为深刻的受伤。

有几个画面深深地留存在脑海。

镜头一：

士兵：要杀多少人？

长官：不放过任何一个动物。

士兵：要杀小孩吗？

长官：孩子也是动物。

这是有关《南京大屠杀》里的一个对话。

1937 年 12 月 13 日，从日军攻下南京城起，短短一月间，2 万起刑事案件令人触目惊心。日本长官说了，攻占南京城，是众多士兵苦战的结果，现在，可以想干什么就干什么了。

夜如此可怕。中国面临一场灭顶的灾难。

在太阳还未从东方升起的时候，命运依然没有任何转机。满脸菜色的中国人，俯首帖耳地接受着小鬼子的白色管制。烧杀抢掠，细菌试验，活埋。一段真实可耻的历史。

纪录片里，日本兵的性欲超过一切。日本像还没有进化的豺狼。罪行的残忍令人发指。我想只有魔头才会灭绝人性。日本就是狗东西。

镜头二：

年轻的中国女孩惶恐地问南京金陵女子学院院长妮娅·魏特琳，他们这样做是被允许的吗？

至少在我们国家不会，会被杀头的。那个优雅的美国女士回答时一脸从容，她的眼神流露着对弱者深深的悲悯，人性的光辉及个性的善良展露无遗。

这个画面的冲击若迎面而来的海啸，巨大汹涌。一个强权霸气的国家，作为他的子民，你只要展开你的国旗亮出你的国籍，就可幸免于难。而相反，苦难的中国，你带给子民的，又是怎样难以启齿的耻辱？

那年冬天，南京城白雪一片。

那年冬天，南京城一片血红。

房间的光线愈来愈暗。显示器发着刺白的辐射。起身，倒了杯水，感觉无力。儿子像换了个人，一脸愤怒。看得出来，他痛恨日本的邪恶，他为灾难中的中国扼腕。

妈妈，我真想揍死日本人。

那你得好好学习科学文化知识，加强锻炼，只有这样，长大了才能为祖国出力。不然，瞧你这不学无术细胳膊细腿的样，又怎么能打败日本人呢？

嗯，老妈好像说得有道理。我以后一定好好学习锻炼身体。

目的达到，我的内心不免一阵窃喜。

唉，什么时候，我们国家也能做出像日本那么好看的动漫就好了。小子一声叹息。

能，一定能，总有一天会。我的回答很是坚定。

可是妈妈你看，那么多的日系车都被砸毁了，活该。儿子浏览着网络上铺天盖地的有关抗议游行的画面，一脸幸灾乐祸。想必他纯澈的心还沉浸在刚才的纪录片里。

不，儿子，你错了，你想啊，一个气质分裂的民族，只用1.7亿人民币购了一个荒无人烟的小岛，不费一枪一弹，却成全了国人窝里斗的本事。打砸抢，损毁同胞的财产，呵，原来制胜中国的手段如此容易。你看鬼子多奸诈啊，不知道他该怎么偷着乐呢。

嗯嗯，是呀，老妈说得对极了，那我们绝不能上他的当，欺负自己的同胞算什么本事，真是丢脸。

就是嘛，抵制日货，先抵制了蠢货再说。

与小子达成了共识，如释重负，心里却莫名的空，一种奇异的痛感。

外交部的发言若复读机，除了严正抗议就是敦促对方改正错误。而日方呢，我行我素，置若罔闻，甚至变本加厉。民族的尊严在对方的步步紧逼中丝毫得不到提升，有点底气不足的感觉。

对敌人仁慈就是对自己残忍。宽容是一种没骨气的软弱。

其实日本从骨子里从来就看不起中国。他只服从于那些虐待他的国家。

我期待有一天，中国会是一个真正的被人敬仰的大国。只有大国才会散发着令人尊敬的气质。大国是子民的护身符和通行证。

我不懂政治，也少关心政治，更不敢指手画脚，可我爱我的祖国，会为母亲担忧。

众所周知，当下，有许多贫困国家成为西方国家的试药厂，数不清的人"被试验"，药物给试药人带来潜在的危险，直至死亡。那些所谓的临床研究药物，其实在欧美都是被禁用的，更不会让自己国家的儿童服用。

我还知道，一个美国战略家曾说，不用战争，只用文化，就可以征服一个国家。

落后就要挨打，这是发展的硬道理。可发展中的中国，官员在腐败，地沟油造饭，豆腐渣工程，人人争着说英语，唱外文歌，赶日韩潮流——中国沦为了什么？

我不寒而栗。一个危险的没有自我灵魂的国度，这样的国家是永远不会被人敬畏的！

2012 年 9 月 16 日

一辈子 守一个人

如果一个人够体贴，能够若棉被样为你抵御风寒，就算他若老房子里的房梁一样老朽，你也应该高兴地守着他不要挪窝。一辈子守一个人，多么令人向往。

某一阵子，感觉一辈子的厮守是天大笑话。曾经已被我扔在了别处。那些朝夕终于远逝，那亲手挂起的窗帘，阳台上饲养的小龟，长了几个夏的茉莉，他们都逐一地离开了我的视线，算算，那往昔还没有我儿子的年龄大。温馨若老电影里的镜头一样，只是换了主角，场景不在，余震依然翻滚。一辈子守一个人，噫，可笑！

我对着黑暗哭泣，我对着花朵哭泣，我对爱的信仰，只是一辈子想守一个人！

一辈子守一个人，方向是前进的，道路是曲折的。事物的发展向来是前进性与曲折性的统一。比如有些人，熟识多年，彼此隔陌，充其量笑一笑擦肩而过，有些人，刚一出场，便真实质感，宛若前世失散已久的故交。一个对爱信仰的人，跋山涉水，终于等来那人的出现，将手搭在他的掌心，感觉他的体温，他的温暖，原来他的手心就是你寻寻觅觅的归属。

建一个窝，启一扇门，跟一个最是亲爱的人睡觉，做梦，这当是所有人最满足的向往。因爱，便诞生了爱人这一说。爱人是什么？我看，是凡俗生活里的那个伴更为妥帖。能遇见真正合适的伴，真是一种幸福，而拥有恰当合适的伴，又是谁幸运呢？

善变是人类天性的一种。两个人在一张床上睡得足够久了，你会想，一辈子守一个人，这对于人性是不是显得太过残忍？于是你就想挪挪窝翻翻身，换一种新鲜的姿态，或者，玩一个危险的游戏。可是，现行的婚姻制度就摆在那里束缚着你，你彷徨你挣扎，最后你决定否决它，跨越它，于是你放马对花花草草揉捏把玩，若蜜蜂一样辛勤地穿行于花间，你带着玩世和不置可否的面具八面玲珑，吸烟，酗酒，刺青，幽会，旁若无人地站在街边纵情亲吻，这样的日子过了好久，你开始觉得索然，你的力气耗得涣散至尽。心动，失望，甜蜜，泪水，你的灵魂不羁放逐，却无人能够真正触摸，终认清了，原来荷尔蒙只是分泌了短暂慰藉。太轻而易举的获得，那不是爱情。真正的幸福，需要漫长的时间来认证，中间的过程必不可少。

你对自己剖析，发现你不管走到哪里，心都在城堡。可是，爱人的等待已经凋谢，他的失望他的哀伤一览无余，他的身体正从寒冷的被窝一点点抽离，你回身，微笑地拥抱他，亲吻他，那一刻，你满怀悲凉。原来他在，一直在你隐秘的某个洞穴驻扎。你确信你还爱着他，他的容颜，他的气息，他柔软的手指。他终究无法被时空遗弃。这时候，你的眼里透露着眷恋不舍的惊悚，而他只是陌生地看着你，什么也不说，你的爱情变得一片黯黄。这样的结局其实并不意外，对于戏弄人生的人，生活会变本加厉地给予回馈。从此你开始偏激，乖戾，极端自暴自弃，渐渐地渐渐地，连对生命都充满了憎恶，自毁性质的怨一天天地杀气腾腾。

痛苦感同身受。所以说，如果你有鬼鬼祟祟的心，或者有不忍舍弃的人，那么请学会自控，学会理智，更不要妄想着一起私奔远逃天涯，实在冒险。这个物质的尘世，你追求的爱情或自由，首先无法脱离世俗，其次还需要付出代价——有经济基础的强大支持，然后，你才可以完满地遁世。所以，你目前要做的，还是守护好自己的后院，不懈努力地好好工作吧。

当今社会，其实人们已足够宽悯，对于精彩生活的追逐力求包容，可是你独忘了，剧烈放纵的时候掐来的感情低廉寡欢，昙花一现的相守凸现出来的只是快餐。转身回望，你会感觉伤口疼痛，觉得寒冷。

呵，转悠了这么多年，原来幸福就在身边。

你终于觉得自己真正长大，可遗憾的是，你发现爱的白布隐藏着太多污染，再也无力清洁，这样的感觉实在糟糕。于是一种绚丽的忧伤将你压迫，来来去去这么多年，什么也没有抓住，爱是什么？原来爱只是一场空际灿烂的烟花，绚了，散了，最终沉寂。

烟花熄灭时，该回家了吧，可是家里若临渊深谷，让人产生畏惧。一个寂寞的人，开始喜欢闻自己的手指。泪水将衣袖打湿，清晰而灼热。其实这样的后果有迹可循，这个时候，我觉得你应坦然自若选择孤独，我想唯有孤独，才值得用自己的生命赎罪。有时候，我们得学会对结果承担。

没了那个最亲密的爱人相拥同眠，就算是裹紧被子，皮肤的温度还是不可挽回地降为冰点，身体的免疫在迅速地下沉，你惊悸地发现，感冒开始像阴魂一样频频造访，每天每天，都是迷登登，昏沉沉，这实在是一件神奇的事情。

花了好久的时间，才适应一个人的寒，觉得体质更差了，整个人渐显衰老的迹象。话愈来愈少，心愈来愈硬，脸更严肃了，就连笑一笑都显得极其僵硬。对身边的人和事变得挑剔。有时原谅，有时较真，皆与自尊有关。愈来愈不懂自己了，四顾，除了那个不谙世事的孩子，连想对着发脾气的一个人都没有。

一声叹息！还是随遇而安吧，将海水藏在胸膛。无知无觉，没有痛感。所有的劲都用在工作上，孩子上，像怨妇一样自怜自怨，有意思吗？日子继续前进，似乎也可歌可泣，能闻见耳畔里凛冽的风速。其实泣大可不必，歌还是可以的，做一个心怀仁爱的歌者有何不可呢？

远离城市的周末，一个人伫立旷野，冷得冻僵，对着山脉，依然握紧拳头，恬淡地对风说，不要停止，就这样，一直一直。

我想你是一个内心坚强的人，你已经上路。寒冷可以覆盖所有的绝望，寒冷还会让人头脑清醒。

一辈子守一个人，这实在是一件幸事，也是一件很不容易的事。能够坚守一个人，应是寥落可数，不虚此行。凡俗的人，你要幸福，就不要胡乱沉溺，你要知道，爱人的心其实与常人无异，也会脆弱，他不是神，不是骑士，也不是王子，那些只是童话里的偶像，不是现实的爱人。退一步想，真正的骑士或王子，又怎么会轮得到你？别傻了，幸运的灰姑娘，满世界只有一个。

你选择了他，纵千般的不如意，也要尊重自己的选择，还要懂得宽悯，知道人与人的心里都有空缺，你要他负担的，也许正是他的欠缺。学会拥抱，彼此取暖，适应爱的寒。无须期许他宛若情人，很难，如果你不想活得疲累，你就不要总是虚妄地贪婪，贪爱的人心会腐烂。

没什么，人生的旅途只是需要一个伴，只当貌视相爱彼此取悦，从我做起，给他依赖，不言放弃，永远不要让诱惑作为堕落的借口，记住，没有人会在原点等你。

你不爱我，你还爱我吗？这样的昏话更不要说，太伤情。这世界，根本就没有完美的爱情。多少死去活来的爱最后总以无疾而终草草收场，各自还不照样地另为婚娶生儿育女。你要知道，这世界，谁都不是谁的唯一，谁都可以轻易地被谁代替。

算了吧，将心束之高阁，一辈子守一个人，安安生生！

想明白了这些，以为自己超脱，足够坚强，不再头破血流地追逐，感觉幸福更像幻觉。

总以为现在可以继续前行，一个人面对黑暗时，才发现高估了自己的顽强，回望，一个在梨花树下喝茶斗嘴的人都没有，寂寞何处消遣？这时的自己实在羸弱，弱到无力。呵，兜兜转转这么多年，爱不死，它还在内心作祟，千言万语，与谁诉说？原来终究，你只是烟火俗子，对于孤独，你无能为力。

我触到了你的寂寞，我掩上了我的伤口。我的呼吸来自灵魂深处，我无为抵挡。

一个冬夜，一个人下了班后在空旷无人的大街上走，路灯在黑暗里盯着我看，我加快步伐，感觉有点怕，我的孤独我的无助被街灯一览无余，它窥见了我遮遮掩掩的伤口，它比我周围的人更能看清我。我裹紧了大衣，冷风簌簌地吹在脸上，寒彻骨髓，心惶恐，实在没有心情低吟浅唱，头一次，感觉到被人剥光的赤裸，我的伤痕在孤独中流血，没人预料到灯火会让人如此颤抖。我抬起头，望着迷濛的光，心如此疼痛。

还是淹没在人群里踏实，体会那种旁若无人的归宿感，而不是让自己处于空寂无人的环境里，似乎连风都会一眼望穿，所以我隐藏于热热闹闹的工作中，神情专注地打理事业。

我在埋头用心工作的时候，不同客户的电话铃声总会将我的思路打断，偶尔会在心里咒骂，抓起电话时，依然是轻风细语。亲和的微笑、忍耐都留给了旁人，剩下的狂爆狂躁窝在心里慢慢消化，直至融进骨头里渗进肉里。极度不适时，我会把桌上的稿纸揉成一团，手里的钢笔也快被我拧断。静寂的写字间里，我把头埋得很深，低得暗无天日。这都是经常发生的事情。没人看到我内心演绎的对白。

我缩着头翻转着钢笔，卑微地等着他来。在那个对的人出现之前，还是努力地做最好的自己，不需要谁与我凑合相守。我接受那种很孤独的感觉。

一辈子守一个人，做一个爱情的洁癖者，放逐你我，过平淡的凡俗生活，像一盆植物一样安静。厚重的殊遇，不去奢求，生老病死，一生一世，记挂的，全是他的好。就让岁月来印证灯火的幸福，如此，才可以宠辱不惊，人间所有的悲喜得失，才能真正超脱，获得灵魂的安详。把手递给他，把精力和时间都给他，不到迫不得已，不要轻易去换手，如果谁做到了，我想，这当是他这辈子最成功的一件事情。

2012 年 12 月 15 日

学会感恩

公司刚竣工一个项目，有些放松，周末的时候，决定带儿子回趟老家。红叶茂盛的季节，头发盲目而慌乱地飞舞，连手指都感觉僵硬。

大巴爬得很慢，走走停停。儿子在靠窗的位置晒着太阳，车厢无风，阳光便出奇地暖和，好些人都在昏昏，睡得山崩地裂。我手撑儿子的座位靠背，思绪自由自在。窗外，北方的田野，秋天里萧杀的风。

小孩，来，给奶奶让个座。

一只手从人窝里伸出，它在拍打儿子的肩。我与儿子不约而同地看到一个似乎年老的妇人，她穿着运动衣，球鞋，另一只手里拎着大袋的东西，她的手腕上抬，轻微地示意了下，以显自己行囊繁重。我回身打量她，身子倒显得矫健，看着也硬朗。

儿子迅疾地站了起来，一手插兜，一手撵上冰冷的拉环。

那个"老人"奋力地从人窝里拔出，一屁股坐了下来。她弯腰，将袋子放置在自己脚下，一只手在口袋里摸索了半天，掏出一张二十元的纸钞，回头："小孩，去，给奶奶买张票。"显然，她在跟儿子说，神态自如地像对自家的孩子。

在车厢拥挤的人群里，儿子清瘦的身体在趔趄地穿梭，光线绚烂中，我看到身旁一张张面无表情的脸，成人的脸。好吧，也没什么不可以。我追着儿子的背，在心里默呼，儿子，你是好样的。

当奋力拼杀的小子把车票和找回的一把零钞递到奶奶的手里时，她接过，一句话也没有言说，将头开始别向窗外。她的头再也没有回转过来。

司机扭开了音乐，车子继续在公路上奔跑，一切风平浪静，似乎什么也不曾发生过。

站在她座位的旁边，那一刻，我感觉到悲凉，能听到自己胸口冲动的呼吸。人人都知道，尊老爱幼是中华民族传统美德的精华，为什么就没有谁教我们怎么应对倚老卖老这一课？心在光线里游动，幻想着"老人"能回过头来，一脸真诚地跟儿子说一句，小孩，谢谢。直到车要到站时，我期待的始终没有发生。

老妈，我感觉恶心，想吐，我似乎晕车了，胃好难受。刚一下车，儿子就蹲在马路边，脸色苍白地干呕起来。妈，你说，那个奶奶为什么偏偏指定我给她让座位呢？我估计她觉得别人是不会给她让座的，你看她那么强健，又不怎么显老，她就会欺负我们这些小孩，可我今天也晕车，还要给别人让座，我可真够倒霉的。儿子仰着可怜兮兮的头，一脸无辜。

谁让我儿子长得又高又帅呢？表现不错，老妈为你自豪。

说完这句话，内心里一片苦涩，不知道再跟儿子说些什么。沉默中，只觉得心里发凉。

忽然就想起了这样一件事情，一件真实的事情：

大早，一个骑着电动摩托的女子赶着上班，不小心挂倒了一个步行的老者，那女子停车的间隙，吓得六神无主大声哭泣起来，那还倒在地上的老头挣扎地爬起身子着急地说，姑娘，我没事儿，别哭快别哭了，我保证绝不会讹你……

刚听到这个故事的时候我觉得荒诞不经，在当今的社会里该是怎样的稀奇？他的安慰，若芳香传递给花儿，散发着一种不可言喻的人格魅力。原来，人吃五谷杂粮，终是不同的，同为年长之人，细微之处居然如此地迥异。

我在想，人格是什么，该是一种好感觉吧。人生的路途漫长而焦灼，不失尊严地以己之能施予人好感觉，给人带来精神的舒畅，这样的人才是值得人敬仰的，尊敬的……

心豁然开朗，内心依然有一个声音在回响，我可以谦逊地谦让弱者，但厌恶被回报以不屑，我可以忍让地忍受轻蔑，但唾弃吝啬一句谢谢，国民的素质不分长幼，无论你多大年纪，请学会及时感恩。

2012 年 11 月 5 日

我是一条快乐的鱼

文字是个好东西，喜怒哀乐，都可以被它诠释得美妙。然而，文字之外的人并不美好。我躺在床上，把书蒙在脸上，内心在轻轻哭泣。

和一个极其憎恶的人通了一番电话，心情颓败到低谷。想骂人，或者摔东西，我知道那种发泄完后的舒畅。高高地扬着手，我将手机轻轻地丢在床上，猝然躺下。我感觉眼睛灼痛，顺手抓了本书覆在脸上，将漫涌的苦涩掩饰。这座北方的城里，没有爱情，没有家，只有一份可以养活自己的工作，还有一个女人对稚子脆弱的恋恋不舍。

也许感觉太过颓靡，遂爬起，踱到客厅。鱼缸里的那条鱼见了我，若吸了大麻，兴奋地向我摇头摆尾。它打着水花吹着泡泡，极力诱我关注。我弯腰，丢了些鱼食进去，这家伙，更来劲了，仰着头张着嘴，放肆地拼命摆臀，似要跃出水面一样。今晚，臭小子没有过来，空荡的屋子里，这条鱼成了我最亲近的伙伴。原来鱼缸里有好几条鱼的，后来它们一个一个地先后死去，现在只剩下这一条。我曾以为，这条孤单的鱼定然也不会活得久长，结果是，它很快乐，活得很好，精力旺盛。它在鱼缸里成天地游来游去。

一个人的时候，我穿着很单薄的衣，趿着凉拖，在它的面前走来晃去。我对着它发呆，也对着它流泪，脸上是淡淡漠然的表情。它静静地望着我。我也静静地望着它。我们用眼神沟通，一眼望穿对方的心海。那一瞬间，我知道我们已经相爱。我们的孤独没有遮掩。我们彼此寂寞陪伴。它和我，都是对方隐秘的观众。

突然想起臭小子将要过十四岁的生日了。我起身，查了下日历，6 月 16 日，恰好是下个周末。

我想最近我得攒点钱了，好邀几个要好的朋友一起，去向往已久的西餐厅撮顿好饭。

那家西餐厅臭小子蓄谋已久，那里有冰激凌，蛋糕，牛排，小火锅，杂粮，烤鱼，还有他最爱喝的各种饮料。当我向他允诺生日时一定带他去，他欢喜地雀跃大叫。那一瞬间，我感觉这孩子情若赤子，非常天真。

可是，我现在口袋空空。虽然要命地清贫，可骨子里却有着遥不可及的奢华。物质对我来说，成了头等的大事。于是我疲于奔命，常常忘记关注自己。好不容易下了决心，想在端午的假期单身旅行，可是我翻了翻干瘪的钱夹，还是决定暂时放弃。用钱的地方实在太多，我不想走到山穷水尽。

感谢那些自私的人，他们让我学会了独立行走。没有男人依靠又怎样？今天，我还是照样活得很好！

是，我活得很好。我能够自食其力，忍受孤独，超越清贫。遇事的时候，波澜不惊，不再歇斯底里。生活教会了我坚强，教会了我自己赚钱买花戴。现在的我，像一台不停运转的机器，轰隆轰隆，斗志昂扬。只是，我不知道这机器哪一天会出故障，会停止运转。但我知道，如今这机器不能停止。它不言结果。它欢喜旋转。它让我觉得我还活着。

我不得不提及自己那段草率仓促的婚姻。那时的我傻得天真，明明确知无爱，不爱，因着错觉，只是想有一个温暖的家，便一分彩礼也没要，就胡乱地嫁了。我没想到那代价如此艰深。而今看来，婚或不婚，我的本质没有丁点的改变，我依然是我。唯一改变的是，我多了一个孩子。

感情真是奢侈，两个人了，居然比一个人时还要寂寞。心始终飘荡，无所依傍。希望在时光的流逝中被日渐地摧毁。我感觉不安。其实我只是想有一个诚恳淳朴的男人，我们在一起，不受干扰地过自己平静的生活。他淳朴到愚钝，唯唯诺诺，缩在父母的羽翼下，拒绝成长。我与他始终无法拥抱，无法交流。我在黑暗里徘徊又徘徊。这个傀儡，他在拖我重蹈他的覆辙。我拒绝自己的人生被他人毫无节制地掌控。于是在两年前的一个冬夜，我冷漠地瞟了他一眼，带着自己来时的行李搬离。从此我与他正式告别。

我相信，每一个离别都是因为绝望。我一直记得那个夜晚，我在破败的出租屋里，擦净所有的灰尘，装上窗帘，关掉屋里所有的灯，把身体蜷缩。我在寒冷的被窝里闭上眼睛，试图遗忘。那一瞬间，我看见我的小孩向我跑来。他欢欣地笑着，他还不明白我的痛楚。啊，他是我的精神隶属。我突然感觉自己充满力量。就这样，我怀揣着那孩子的笑颜，在那个大雪纷飞的夜里，微笑着，安然地睡去。

　　新的人生里，我将全部的精力用在工作上，孩子上，尽心尽力，非常孤独。如果不将自己彻底投入，将得不到我要的快感。生活的艰辛可想而知。偶然看见别人的幸福，心里会隐约地疼痛。可是，这是我自己选择的路。我沉默，变得坚不可摧。

　　自从搬出来后，他从来没有给我和孩子打过一个电话，好像我在他的生命里从来没有出现过。这个毫无主张的男人，我知道他的不易，我谅解他的无能为力，我一再对他宽恕。我在隔了几条街巷的出租屋里，冷漠地纵容着那些把金钱看得比命还要金贵的人，纵容着他们畸形的贪婪和冷酷。这个社会总是这样，因为你是长者，所以舆论会不分青红皂白一边倒，所以你可以借势道德沦丧无法无天。唯钱独尊。独断专制。价值取向变异。我不知道有一天他们会不会良心悔悟，走进坟墓的刹那会不会羞愧。或者，上路时，是否会把他的金子全部打包带走。说真的，我实在无法理解，一个为了金钱而抛弃亲情丧失信仰的人，他的身体里该隐藏着怎样卑污的灵魂！

于是我为我的离开而暗自庆幸。我想我可以活得更有尊严，再也没有人能够伤害到我了。

若不是因为儿子，我不会给他打任何电话。话没说几句，他立马充满警觉。他说，我没有钱。我颓然地丢了电话，感觉内心里一阵发凉。

我是一个自尊的女子，我有双手，足够我自给自足。我感觉侮辱。

其实我一直回避想起他。他会让我如跌冰窖，浑身发抖。我极力想要将那段历史擦除，可是我无能为力。

今夜，我失眠了，久久不能入睡。于是起床，翻箱倒柜，找出许多年前的旧照翻看。那时候真年轻，虽然穿着土气，可有着灵气的眼神，感觉非常纯真。我又翻起一张褪色的照片，照片上的男生已很遥远。他叫罗生。罗生的手握着地图，削瘦单薄地坐在公园的大石头上望着我笑。那年，他二十二岁。我想除了父亲，他是另一个忧伤注视过我的男子。自从大学毕业，我再也没有见到过他。

可是，我一直记得发生过的一切。

我打开阳台的门，将风让进屋子。我的脸在昏暗的光泽中显得平静。我知道过去的再也回不来了。时间在静寂的夜里缓慢流失，我抓不住它，就像抓不住从窗外涌进的风。

那些爱过恨过的经历让我变得沧桑。短暂的人生，我输光了手上大半的牌。回望走过的路途，我非常心疼年轻时的自己。我觉得她的内心如此脆弱。现在，我的脸上有了细小的皱纹，岁月在上面打上烙印，但我觉得自己姿态专注，似乎有了些自信。我为亲人还可以做一点事情，为孩子还可以肩负起责任，我觉得自己还有用。是，我很清贫，可我从不认为清贫可耻。我有一个有血有肉的儿子，他活力四射，干净纯澈。他让我感觉自己富有。

就这样，我习惯了与他相依相靠，也习惯了一个人时的孤独，还习惯了和我的金鱼相互观望。孤单的金鱼在鱼缸里快乐地游来游去，它没有爱情，它是我的楷模。我想我也可以和它一样，很快乐，活得很好。

感谢上苍，它给了我一个纯净如水的小孩。

我是一条快乐的鱼，只要有水，就是天堂。

2013 年 6 月 7 日

你是最棒的

小子，你似乎又长高了，马上六一了，你穿上崭新的校服，呵，蛮帅的。

校讯通又发来一条短讯，说是下周六年级要军训，周一至周五孩子们将远赴基地，让每个家长做好准备。

我给你看那个短讯的时候，你扭头，淡淡地说，妈，我不用去军训，我不参加，因为我听力不好，老师说了，下周我不用上学，可以自由活动。

"你们班有几个人不参加军训？"

"四个，全是调皮捣蛋分子。对了，妈，马上要六一了，每个班都会表演节目，我们班的大合唱我也不参加。因为我听力不好五音不全，老师说我唱不好，所以我做观众。"

心莫名悲哀。抱着他，只是紧紧地拥抱着他，一句话也没有说。

"妈，没关系没关系，我可以做个最好的观众。"小子故作姿态地咳了咳，他的表情不置可否。突然他像想起了什么似的，一拧身，从书包里掏出一张皱巴巴的纸条来，"妈，这个是老师让我带给你的条子，她让你照着这个誊写一遍，明天务必让我交到学校。"

我接过，呵，滑稽，原来是老师提前拟好的一张请假条。

这张请假条很简单，上面这样写着：今有六年级四班学生张XX，因故不能参加学校的国防教育，特希望学校批准。

"妈，你一定要誊写得一字不落，然后把你的名字签上，老师千叮咛万嘱咐，你可别忘了。"儿子指着下面签字的空白处，一脸谨慎。

我什么也没说，望着他纯澈的眼睛，心里像刀一样绞痛。是啊，回想来，所有的集体活动似乎都与他无缘，只因那该死的听障。

运动会没有他，说是会摔跤，怕他耳朵受伤。外出旅游没有他，说是出远门，怕他听力不好而走失。军训没有他，说是运动剧烈，怕他听力受损。所有六一的节目都没有他，哪怕是大合唱，这又是在保护他什么？残缺的花朵孤独地开在阴影里，校园的真情打动了谁的心灵？在这专属于他的节日里，好讽刺。

这么多年来，我一直在隐忍，也习惯了他被学校特殊的"被保护"，可是谁又知，他比常人更敏感，总是耿耿于怀。

我翻起手机，寻得儿子班主任的联系方式，开始跟老师打电话。

十多分钟苦口婆心的哀求，一切都是徒劳，想要让儿子参加军训的愿，看来，哪怕找到校长，也是笑谈。我放下电话，怅然若失。

一周的时间，该要如何打发？当别的孩子背着书包上学，或者去基地军训，而他，我的儿子，却被本该属于他的世界遗弃。这要让一个幼小的心灵何以承受？

"妈，我真窝囊，我恨我的耳朵听不见，我什么都不能参加。"小子四仰八叉地躺在床上，一个人嘟嘟囔囔。

"不，儿子，你是最棒的，相信妈妈。"

"切，你就别哄我开心了，我不行，我们班里，什么活动都没有我……"

"儿子，妈妈忘记告诉你了，省残联的陈老师跟妈妈打电话了，她说有三年多没见你了，特别想念你，想邀请你去语言训练康复中心做嘉宾，陈老师说了，你是她最得意的学生，语言流畅发音准确，所以特邀你去跟那些听力障碍的小朋友进行语言交流，时间就是从后天开始，也就是你们军训的那一周时间。"

"啊？怎么这么巧？"

"是啊，好巧。怎么样，去不去？"

"去啊，肯定去，我是谁啊，我是大名鼎鼎的张一尘，我的语言最流畅了，我可不能给陈老师丢脸。"

儿子一个鲤鱼打挺，从床上一跃而起，他的眼睛格外灼亮。

我不禁长出一口气，心情也莫名地惴惴。

周一一大早，小子早早地起床，他自觉地换了件干净的衣服。急急地吃罢早饭，又史无前例地跑去洗脸，刷牙，毕了，他呲着牙不停地问，妈，看看，有没有辣椒？

　　呵，臭小子，我感觉心头一热。总算收拾妥当，我们朝省残联直奔而去。

　　真该感谢省残联的陈老师，昨晚，在我电话的央求下，她一口答应将儿子插班到另一个省残联所办的新希望小学里。一路上，我不停地叮嘱，"小子，你现在可是 VIP，特邀大使啊，你是陈老师最为骄傲的学生，她说要过六一了，邀你去新希望小学里和那些听障孩子一起过六一，陈老师说了，让那些和你同样听力残疾的孩子看看，这个叫张一尘的学生，说话多流畅啊，所以你现在是新希望小学学习的楷模，榜样，你一定要注意言谈举止，不能耻笑他人，还要乐于助人，这才对得起一个优秀学生的荣誉称号。"

　　"放心吧，老妈，我知道怎么做，你儿子很棒的，你就放一百个心吧。"儿子拍着胸口，信心满满。

　　将他送到新希望小学负责接收儿子的王老师手里时，我终于长出一口气。

　　坐在办公室里，心忐忑，大脑不停地产生幻觉，似看见他将书包狠狠地朝桌子一摔，妈，从明天起，我再也不去新希望小学了……那个陌生的环境里，不知他能否适应？

　　时间在忐忑中流失，好不容易捱到他下午放学，我试探地问："儿子，感觉怎么样？"

"嘿，老妈，那边的王老师对我可好了，真的比普小的老师好，他们都夸我说话很棒，吐字可清晰了，妈，我比他们学校所有的同学说话都好听，你儿子是最棒的！"

"得，别翘尾巴了，小时候你可是和他们一样乌里哇啦，所以千万不能瞧不起同学，要热爱他们，帮助他们，知道没？"

"当然，我是谁啊，我是陈老师赫赫有名的学生张一尘啊，放心吧，我不会让您失望的。对了，老妈，我今天交了一个朋友，他十八岁了，虽然他说话不行，叽里呱啦，可是他很聪明，对我可好了，我们一起聊天，吃饭，午休，现在是好朋友啦。"

"好哇，恭喜儿子，会交朋友啦……"

"那是，放心啦，你儿子绝对不辱使命！"

听着他嬉笑快乐的言语，望着他笑容满满的脸颊，我感觉我的心终于踏实地放了下来。

不就是听障么？没什么，没什么大不了的。别人的眼里，他是无足轻重轻如鸿毛，可在我的眼里，我忍受他所有的缺点。你不知道，我多么喜欢他纯真甜美的笑。他透明的心，照亮我埋藏心底的童贞。

小子，在老妈的眼里，你是误落人间的折翼天使，你永远都是最棒的，我坚信！

祝六一快乐，送给他，送给所有听力残障的孩子，还有那些童心未泯的人。

2013 年 5 月 28 日

新的燃烧

　　我对工作，一直充满激情。常常，我会一整天一言不发，盯着电脑，绘没完没了的图件。把一个又一个山头攻克，然后又不厌其烦地进入下一轮。

　　数字化编图的工作，是我的兴趣所在，它不但让我身心自在，还解决了我的生存问题。实在无法想象为了生活而做一份索然枯燥的工作会怎样。所以我很庆幸。有时候我加班加点，不分白昼与黑夜，工作长达三十多个小时，但依然精神满满。只是一个人回到自己的空间，躺在床上，不说话，什么也不做的时候，才感觉自己累瘫了，像一摊烂泥。

　　仗着自己年青，这样疯狂工作的生活我过了很多年。

　　也不知从什么时候起，我感觉我的激情在一点一点的灭掉。上班的时候，我想偷一点空闲喝喝茶翻翻诗，或者伫立在窗前，观望街上来回蠕动的蚂蚁。再或者打开手机，跟知心的朋友编一条发乎骨骼的短信。总之我变得发福而沉默。莫名地对工作疏冷，不再如初般的热情似火。我承认这和年龄有绝大的关系。记得前阵小聚时见到久未谋面的学友，她说她现在最大的愿望只是退休，赶紧退休，最好一天班都不要上，她感觉力不从心。说这话的时候，她的眼角闪烁着细碎醒目的纹理，眼神的坚定清楚分明。

我们自然而然地聊到"延迟退休"这个话题。令人意想不到的是，在座的每一个人无不怨声载道。我们都是社会的一个微小分子，不可分割，相互怜悯，惺惺相惜，无辜善良。这样激烈的场面让我震惊。也许他们的愤怨有道理，工作是永无止境的，就算到老，到死，绵延不绝。没有我们，还有别人可以将我们的工作代替。可是我们，却是父母眼里不可替代的唯一。是啊，人近中年，依然昂首天外未免愚蠢，还是悠着点吧，凡事量力而行，健康为大，这才是对亲人最大的负责。蓦然间，我感觉到成熟，对自己也多了份爱惜。对于我所热爱的这份事业，我重新审视，变得沉稳，波澜不惊。

正视自己心疼自己，我在人世孑然独走。一个又一个被辜负的夜里，世界在沉睡，我与之作对。我听见自己的呼吸急促，表达着自己无以抚触的孤独。只有我知道，其实自己多么渴望和某一个人来一场大段的对白，这个人哪怕是虚拟的，哪怕彼此间一无所知。天亮时，迎着太阳，我将夜遗忘，乘着大巴继续赶路。

同事们都很年轻，朝气蓬勃。他们都是爱美的女孩，谈衣服，化妆品，男人，叽叽喳喳。或许自己真的衰老了，我坐在办公桌前，不动声色的喝水，竖着耳朵倾听，微笑着，一句话也没有插，仿佛隔岸观火。

久之，我的安静成了一种习惯。我想除了老板或客户，没有人会注意到我的存在。

细想来，自己还真是个矛盾的综合体。向往沟通，又沉默寡言。

可是奇怪，我就是不想和任何人打电话，我讨厌我的手机铃声突然响起。有时候，我会毫不客气地将铃声掐灭。对于网络上的留言，我也少有回复。感觉冲动了需要交流了，我会上 QQ 空间，和 Q 友偶然互动。我喜欢那一刻的静怡，很放松，让人倾心。

只是最近，工作堆积如山，实在没空偷懒。连着两个周末，我都在加班。

偌大的写字间里空荡，我让自己部门的员工全部休假，而自己，打开电脑，开始气定神闲地工作。我喜欢孤单且疏离的状态。我经济独立习惯孤独，我用热情满怀的工作获求安全。一个人加班的周末，最是惬意。能放自己最喜欢的轻音乐。拼了凳子，摊开四肢，若婴儿样肆意午睡。醒来时，泡上茗香的茶，继续安闲地做自己热爱的事业。这是一种截然不同的工作状态。我的孤独无须倾诉。我享受这一刻的快感。

想起少年时，和好朋友睡在一起，说长篇大段的悄悄话，直至天色渐亮。无法想象那时候的自己，怎么就有那么多的话，滔滔不绝。谁会想到今天的我，不再贪玩好奇，收住心，安静地坐在办公桌前，长时间对着电脑，机械地移动着鼠标。过去了，那个年少青春的我。每个人的青春都是一锤子买卖。其实我只是找不到可以激起我说话欲望的人。

一个人工作的周末，老总回公司拿文件，他笑着说，收拾了东西回家吧，我让司机送送你。我感觉懊恼。他不知道，我多么享受这一天来的安静。他打乱了我对自己精心的安慰和犒劳。我站起身，悻悻地开始收拾。

他们送我到南二环赛格电脑城的天桥前。我提着包，下车。夏日的骄阳正在盛放。热浪滚滚，层层将人烘烤。我没有拿遮阳伞，在阳光下扎扎实实的晒。走在天桥的台阶上，光线刺目，整个人因为用力而脸颊通红。这条路我很熟悉，熙熙攘攘，就算闭上眼也能摸索到家门。来来回回，我都在赶路。我想有一天，也许我会在路途中死去。它连接着我的生死。现在的交通，没有章法乱得没谱。反正车子都上了保险。我感恩——截至现在我还活着，还能精神抖擞地走在路上。

走着走着，人近中年。中年意味着什么？它不是衰老，不是青春将逝的悲凉，它是生命历程里新的燃烧。这个年龄的人，再也不鲁莽不用佯装，一派气定神闲的大好。

我不慌不忙地打发着光阴，特别安静地工作，以最佳姿态迎接每一缕曙光，仿佛每一天都是绝唱。是，我从来没有像现在这样热爱自己。

清早，十点钟。老总说，准备下这个项目的图件，下午一点，我们一起去签合同。突如其来的事情让我措手不及，感觉愕然。

这段日子，我素面朝天，穿着打扮也极其随意。碎花的纯棉 T 恤，休闲的黑色短裤。很少对自己的形象关注。更要命的是，我手提包的带子皮质脱落，早该换掉了，可是因为舍不得，总是迟迟难以决断。想到这些，我内心焦灼。我不喜欢随意的装束出入正式的场合。

可是已经来不及了。不可预知的下午，那就顺其自然吧。

好在我后来的表现还算冷静，项目价格的洽谈也算圆满。

可是至今，我仍然记得对方代表的那个女子，她穿着长裙，仪态万方地于我的对面落落而坐。也许不经意，她的眼神在我手提包的带子上短暂掠过。我感觉那目光损伤了我的骄傲。一刹那，我自卑得无以形容。

我知道她的目光没有恶意，对此我也应该感觉寻常。可是我还是无法掩饰我的挫败。

我一直信奉杨澜这样的一句话，她说，作为女人，你必须精致，没有人有义务透过连你自己都毫不再意的邋遢外表去发现你优秀的内在。你必须精致，这是女人的尊严。

好在我这个周末不用加班，于是决定去买衣服和手提包。我想在镜子里看到另一个自己，虽然她人近中年，可是信心满满，她积极，阳光，还有些许精致！

2013 年 6 月 27 日

年来了

年来了，鞭炮零碎，无知无觉。

这是给力的一年，许多遗憾隐匿于心，迈出囚笼，融入人群，体会凛冽的寒冷。

实在无事，去做头发。年轻的理发师抱来一摞花花绿绿的图册，我随意地翻阅，接受他的蛊惑，愿在流行趋势的前端作勇敢的尝试。

花费了四五个小时，镜子里的人已不是自己，权威美发师说的符合自身气质的造型，原来并不适合我。一回家，直奔淋浴间，花洒把头发毁的面目全非。

恢复如旧，找回自己，默默地，等年的到来。

传说，"年"是一头怪兽，每年岁末，会在夜色的掩护下侵袭凡尘，直到抱得美人归，才会全年安生。深恶痛绝的"年"，令世人头痛，不知谁，不经意间，发现了爆竹的噼里啪啦声和炫彩的红会让年闻风丧胆，至此，家家户户便挂红灯贴对联燃放烟花爆竹，为来年祈福，万众一心的凝聚果然让年从此不敢再来尘世胡作非为。

怕"年"的侵袭，每年最后的那个夜晚，便有数不清的守夜者彻夜无眠地勇敢守候，而我，无论"年"来或不来，已淡定麻木，无心理会窗外呛人的烟花，倦怠的沉睡，"年"在我的梦里，只是，我的身边，没有最为亲近的守夜者。

精神在一天天抑郁，发现自己有日渐老去的迹象，瞌睡增多，不再像二十多岁一样能够熬夜。喜欢听老旧的歌。一个人，倍觉寂寥地躲在黑暗里发呆，莫名其妙地难过。无爱无欲，不再轻易地爱上谁。

"年"要来了，他是天外之客，我在痴痴地等"年"，我想摆一场丰盛的晚宴。冬夜，寒冷，南北的人潮在大迁徙，却找不到一起倾心守夜等"年"的人。世界那么大，汪洋尘世，你会是谁内心里最为珍惜的那朵浪花？没有人陪着你燃放爆竹，或者，陪着你看一场烟花，或者，在温暖的炉火前相对而酌。

放任自流的芳华愈来愈远，美丽的心境依然执著。无家可归，不归的忧伤，无归的人。心隐痛，依然唇齿抿笑。会好的，一切会好的。珍珠来源于蚌的无数次阵痛。

"年"来了，我闻到了"年"的气息。戒备的心满怀热爱。

我在等"年"。如果可以，"年"，请将我带走……

2011 年 1 月 29 日

麻醉

人的一生，都会带着许多鲜为人知的秘密悄悄死去。从麻醉的那一刻起，你就应该明白，你拥有的，其实都是身外之物，这个世界，纵有太多的留恋，你所带走的，都是一片虚无，就连风都不在你的手心逗留。所以你最好服从孤独心神俱定，摆好一副宁可带着秘密死去的姿势。

麻醉是对生命间歇的验证。每个人，都可以与这个世界短暂地脱离关系。在这个脱离尘世的间隙，对于时间，你完全不能掌控，无论体力还是心力。

那个时候，你最好沉睡，只有沉睡才能躲避疼痛的灾难。

那时大病，额很烫，意识混沌，脸通红，有些轻微的低烧，浑身似火焰焚烧后余烬里的火炭。星火明灭，时间凝滞，月光被惊醒，空气里槐香四溢，大朵大朵的槐花簌簌惊落，扑扑地打在我的脸上。我看见父亲在院子里摆弄着农具，母亲安闲地坐在凳子上剥着豆子，逼仄的村巷童声喧嚣，风车在眼帘迅疾地轮转，一地被风吹落的槐花，兀自地在地上细碎地打着溜溜。眼微闭，脸上的笑宛若茶花，心默默喜欢，原来，离灵魂最近的，还是初落凡尘时的那一眼。

意识困倦，花花的尘世愈来愈是模糊，巨大的黑洞将整片光明激烈地吞噬。

任何具有生命的生物，不管对现实的爱恋多么纯粹剧烈，在麻醉面前，一切都无用。

从麻醉中醒来，神志明晰。没有一个至亲的人在身边，想要利用病痛撒娇的机会也没有。感情在现实面前软弱，曾经淋漓的爱或恨，似乎都是前世的事情。莫名其妙地流泪。一会儿功夫，麻药的劲已过，疼痛侵袭，自尊微薄的女子，唯有坚韧地自控。头发湿漉漉地，湿透的衣服透出逼人的寒气，浑身没有丝毫力气。躯体在机械地苦撑，只剩意志在提供着足够强大的能量。

没人陪在床边，输液的速度，是否要更换输液瓶，都得自己操心。眼疲倦，不敢关闭眼睑。怕自己短促的入睡，会梦魇。幻觉，都是来自黑暗的拐角。

少不更事，总想飞得更远，发誓永不回还。游离在城市的边缘愈久，才发现，自己终究还是无法融入。城里的人们都是茧，警惕地把自己层层包裹，似乎只有这样才能拥有唯一的掌控权，不主动，不拒绝，也不表达对彼此的需要，却一味崇拜金钱。内心怅惘，依然乐此不疲地在城市穿梭，一切，不过是想要一份卑微真切的重视与肯定。无望，冷漠，人与人之间的认同是多么的奢侈。

厌倦了生活，每个人都是灰尘。青春被时间无声地麻醉。花期渐落，精神在逐渐地苍老疲惫。最美丽的年华交付给虚浮，孤独的漫游者，被残酷地供奉在麻木的祭坛之上。

生命在一茬一茬地复制，隔膜与芥蒂愈来愈深，心淡漠，世间的冷漠已能神态自若地无视。也学会了不迎合，不讨好，满脸冷淡。终是认清了，繁华只是栖息地，不是归宿。

麻醉了一场，真好，成全了我有关生命与尘世短暂脱离的印证。人散曲终，一场虚妄。

术后要恢复一周，每天还得继续输液，左手背上的针孔细小触目。按医生的嘱咐，不动声色地给自己熬着中药。褐色的液体散发着药草辛辣的香气，无孔不入地落在裸露的皮肤上，衣服上，头发上。开窗，关窗，给儿子的小龟喂食，侍弄阳台上发蔫的茉莉，写自己喜欢的文字。

一直喜欢文字，倒不如说喜欢用文字见证成长，见证内心上下沉浮的微波。

这个世界依然由权力和欲望主宰，物质消费的昂贵，上流社会的虚荣，那些，对我已没有多大的诱惑，这是麻醉带给我最大的真相。

2010 年 12 月 8 日

拯救

神爱世人，耶稣将拯救他曾在额上做过记号的子民！

——题记

在广场坐了很久，雨后的天，清爽潮湿，蚂蚁开始陆陆续续地出门活动，街上的行人也渐渐增多，风过，树叶上的雨珠簌簌地滚落下来，打在我无表情的脸上，单薄的外衣悄悄湿透。

一贫如洗，口袋里只剩下数得清的几张纸币，我连一碗面也买不起。

实在不喜欢这个城市，天山，冷漠而疏离。毕业已大半年了，感觉到的只是疲累。付出了太多精力，可高昂的斗志敌不过主管一个轻蔑的眼神。自信被粉碎，伤口在无声地溃烂，自弃的气息在心底弥漫。原来我高估了自己的顽强。

我已无所期求。这个世界，没有一点意义，前途似乎光明，却找不到出路。生活没有章节，混乱，冰冷。半年来的薪水，扣除了房租和违约金，到现在，还像狗一样在城里四处乱窜，居然，连一碗面也买不起。第一次，我开始认真地考虑生活的种种。

也许，影选择早早结婚是对的。影是我的密友，一个我从小到大的玩伴。在影的婚礼上，我看到喜气洋洋的大龄新郎在给影戴着钻戒。众目睽睽的吆喝下，他在亲吻她。影说，云，我是世间最美的新娘。我笑，把头靠在临窗的玻璃上，疲倦地关闭掉眼里的嫉羡。

想家了，只想回家。妈妈，我饿了。

可是，我怎么能如此尴尬地回家？母亲的怀里，再也容不下我，我已不是那个小小的婴孩，鬼知道，我怎会一下子就长得这么大。

我竟忘了，我正青春，我竟忘了，还有男人，是我最有价值的筹码。只当殊死一搏了。

很快，一个男人闯入我的视线，他屁颠地带我回家，给我放热水洗澡，给我拿食物吃，我饿了，我只是一只流浪太久的动物。他真的好笨啊，浑然不觉他其实是我相中的猎物。

穿着他贴身宽大的纯棉衣服，能嗅到男人的气息里混杂的阳光的味道。某一瞬间我会沉醉，我想如果他说娶我，我定会甘愿地将自己闭眼交付。

仓促地选择婚姻，只是不想继续流浪，日子久了，也许会相爱，我以为。

有时候，选择放弃是对的，但放弃选择肯定是错误的。

影的信不定期地从故乡的省城寄来，每次阅完，我都会很仔细地将信夹在枕边的书里。那本《圣经》，几乎陪我走过了每一个无眠的黑夜。

神爱世人，神真能拯救他曾在额上做过暗记的子民吗？我摸遍额头，枉然。

影，我也想结婚了，我害怕，害怕黑暗将我淹没。异乡的深夜里，独自回到出租屋，会失眠，那是我最怕的事情。你的生活甜美而正轨，而我，也需要拥抱，巨大的贫困或饥饿，将我摧毁，我真的不够坚强。你知道吗，影，在天山，不光饿，还会寒冷。

你会生活得很幸福的，你要坚持，也许明天，会是一个艳阳天。

那么影，你快乐吗？他对你好吗？

哦，我亲爱的云，那是个温和大龄的男人，只是一架被人随意支配的机器，他总在无休止地赶着加班，也许他早忘了，家里还有一个等他回家的小小新娘。这的确是婚姻，很实际的婚姻。你知道我婚后的状况吗？狂躁的情绪濒临崩溃的边缘，夜总是太深，还会下冰冷的雨，我的肚子，和你一样地饥饿，因为肚里新生的生命，需要大量的养分供给，可我的笑却愈来愈少，苦痛的根源，我找不到。

影，你要相信，神会将我们恕救，你和我，都是他最忠实的子民。

城市依旧喧嚣，虚浮的生活依然继续，人间极致的快乐是什么？我只想填饱肚子，不想盲目地继续流浪。这确是最妥帖的现实，也是对自己最大的拯救。

2010 年 12 月 23 日

梅朵，在雪山圣洁盛开

　　还是喜欢周末加班，呆在家里，会得抑郁症的。空气的冰凉让时间凝固，害怕无人对话的大片空白，性格使然。

　　一直以来，心绪时好时坏，工作，只是将自己麻醉，冬眠碎裂的心，也许只有在春天里，才能修补。我所要的生活，似乎总是事与愿违，无望，一天天的，淹没于百转千回的梦里。盛世长安，没有赐予我沉淀千年的好运，磕绊的人生，尽是裂缝。

　　习惯了自己依靠自己，疏离，冷漠，固执，独立，一个人的世界里，多一个人，似乎都太拥挤。生命最美丽的季节，任花开花落，文字，已不能完全地诠释。灵魂被囚禁在黑暗中，光阴流转，咽泪装欢。

　　这个秋，空气清新冷冽。加完班，很晚回来，往床上一躺，什么话也不想再说。房门虚掩，不动声色地躲在阴暗里，谁知道，心藏着怎样的黑暗与隐痛？感情无以托付，心里压抑的暗流在危险地汹涌，儿子，那个剁不掉的尾巴，又来索取拥抱。积极或伪装虚浮地散落，臂断然地一挥，全然不念母子一场。

　　那双清澈无辜的眼不安地在我的脸上停驻，我知道，他在探寻那无迹可寻的笑容，看是不是，潜藏在轻抿的嘴角。

你对我为什么不满？我哪里做错了？黑暗里的他明显委屈。

女人，总是这样蠢，灵魂的痛疮无以突破，倦怠无力的心迷失时，会不可救药地表现在脸上，盲目而莽撞。那双眼单纯清亮，令蠢蠢野性的灵魂无法自控地懊悔，更似寒冷的天喝了一瓶冰冻的水，把心，浇的清醒。

为什么，为什么我会这样？

思维恢复，悔疚笼罩，从床上爬起，对他，开始认真地正视。他的脸上满是困惑，身姿那么单薄，居然，一点也看不到生气。突然想起他曾经的一句话，妈妈，为什么我的耳朵会听不见？为什么只是我？那时候，他也是一脸困惑，找不到丝毫的怨……心生涟漪，欲想流泪，心无法言说的疼痛，其实那还是一个玩具，一个给予了我最大快乐的玩具。

那个孩子，那个给我灵魂招来光明的孩子，真实地站在我的面前，还有什么理由继续地颓废？望着他，那么陌生，那么熟悉，一下子，把心底柔情全部翻起。摒弃他，没有任何借口，拥抱他，尽享世间美好。生命脆弱而甜美，他是上苍赐给我最大的安慰。

清澈如水的音乐还在继续地淌，抱着他，紧紧地抱着他。热烈地贴着他的脸，无法言说的喜欢。

放下了，心终于安静，他的脸上绽开了笑容。

我是被需要的，我还有用，真好。

梅朵，在雪山圣洁地盛开。

2010 年 11 月 21 日

烟火

　　一段时间里，失眠像无底的洞穴。半梦半醒地蜷在床上，任窗外的天渐渐地发白。梦里，陌生黑暗的长廊，隐约闪烁的眼神，迷离清淡的气息，像极爱情的某个场景。那是一个美妙的夜。

　　时间没有停止。听到车子启动的声响。有人开始大声说话。窗外吹进凉风。梦醒。美好，原来只是幻觉。

　　起床，梳洗，对着镜子，习惯性地微笑。然后拎了包，乘电梯，匆匆地去公司，那么骄傲。喜欢这样清新的早晨，大片的叶子散发着潮湿的香气，阳光打在不同表情的脸上，大巴在城市来回地穿梭，世界很亲切。一个人，有些寒冷，可还在努力工作。

　　天又黑了，血液开始循环得缓慢，思绪却异常敏锐起来。抹桌子，听舒缓的轻音乐，喝水，流没有来由的泪。甜美的笑容，似乎只是给外人看的，只是一种习惯。

　　实在无聊，裹着宽大的睡衣，对着电脑，开始上网。看到许多和我一样不睡的朋友。文字，真是魔力，是灵魂最佳的诠释，会让寂寞无眠的人不可救药地依赖，会有迹可寻地找到熟悉的自己。文字的游戏让寂寞找到宣泄的出口，原以为相爱，到头来，却悲哀地发现，相爱的只是文字，与人无关。

一遍遍的，翻他们的照片读他们的文字，猜测他们的灵魂。只是有些许寂寞而已。

有人在 QQ 上跟我说话，似乎很寂寞的样子。我厌倦了，于是很沉默。喜欢安静的夜，感受彼此的支离破碎，但拒绝毫无意义的暧昧。这个只属于我的空间里，可以哭泣，可以有植物相伴。但不需要任何人的惊扰。

绝望包裹着我，无论是语言、欲望还是伤口，都已丧失或破碎。不知道自己要去哪里，不知道血还要凝滞多久。这个城市陌生而熟悉，身边的人，全是似曾相识的路人，无力逃离，欲罢不能地继续徘徊。

一直记得一些片段，不再青春的年纪，看了几场无关爱情的电影。好多年都没有去影院了。午夜的影城黑暗喧嚣，灵魂被安慰，伤口变得暧昧不清。宽大的银幕上，奇怪地传来植物的呼吸，有些轻微的眩晕。漂流太久，生命的气息已涣散殆尽，爱情的花瓣，只是瞬间的游戏，很安全，却没有许诺。剧终，影院空荡，夜沉寂，心终于安静，无言地话别，各自匆匆地回家。黑暗里的感情，就连分手都那么仓促。

双手空空，不安全的感觉将我萦绕，眼里流转的，都是烟火。与世隔绝的人，心存理想的人，找不到归宿感，茫然地持续蹉跎，也确知，自己在失去什么。真情率真的女子，游荡在孤独的边缘，于憧憬中一次次绝望，却总是无法，轻易向宿命妥协。

2010 年 11 月 20 日

银杏树

晚秋，周末，携小儿远离喧嚣，与秋色亲密接触。

替小儿邀了几个玩伴，四个不知人间愁苦的精灵，片刻已闹作一团。

车子盲目地在环山路上奔跑，路两旁黄绿相间的"哨兵"威武地接受着孩子们好奇兴奋的检阅，秋叶飞舞，落黄千千，沉闷已久的心刹那间灵动起来。顺着路标的指引，一行六人，不期地闯入依山傍水的化羊庙。

化羊庙即东岳行祠，坐落在西安市户县县城东南 13 公里的化羊峪口，传说放牧的孩子因为牧羊连连被恶狼吃掉，大哭不止，神仙眷顾，即点石化羊，牧童才破涕而笑。古朴的化羊庙历经千年沧桑，依然保存着元代的建筑风格。

少有人迹的化羊庙，静谧地藏在秦岭重峦之北，庙前长长的化羊路缓坡向上，被神点化的几座石羊，蹲在坡旁，接着映入眼帘的是一株静美的千年银杏树，在暖阳的照耀下，披着金色的外衣，那么庄严，神韵楚楚。思绪飘忽，风轻轻吹过，银杏叶子在阳光的笑意下翩然飘落，谢幕的姿态幽雅唯美，而那风中打旋的叶儿，依依不舍地在空中飘舞，一声叹息，宛若天籁，不知又在诉说着怎样无奈心伤的故事？

心狂放，快乐在肆无忌惮地弥漫，许多如诗如歌的"叶子书签"，被我一一地收入包里。能在字里行间飘来银杏的香气，一如采撷了阳光雨露。

有孩子们开道，信步踱入山门之外，尽收眼底的，是"福"字影壁，一个"福"字，又寄托着凡间多少无限的万福？穿过山门，是东西厢房，供奉着神仙或阎王，檀香在香炉缭绕，四个不谙世事的顽童在神前貌似虔诚地叩头，院落里，又一株茂密的银杏树舒展着挺拔的身姿，至纯至美的静默令人产生无限遐想，无言的银杏树啊，你看到了多少来去匆匆的步履？又看到了人间几多的悲欢离合？

细碎的秋风婆娑着我的脸，金叶轻扬，一地浅黄的落叶，无怨地铺在脚下，没有颓废，生机盎然，轻踩，棉软，发出沙沙的声响。灿烂的银杏树在没有喧闹的角落哗哗地低唱，心里欢快的歌声随风轻和，亦如那四个顽劣的孩子，在山门外，在草地里，尽情地撒欢。

心痴迷，视线却紧紧地萦绕着孩子们，不离不弃。震撼的，是银杏树落幕之前的唯美。"死如秋叶之壮美"，不过如此吧。

我欣赏银杏的傲骨，生命飘落，扎根山野，战胜数不清的恶劣，即便死，也阳光灿烂。心怡痴者，静静地仰望天边镶嵌的那片金海，双眼微闭，只愿再世为叶，如银杏之树，也披一身梦的嫁衣。

天微暗，山风清冷，四个孩子的头上冒着细密的汗珠，采花，抓鱼，捡石头，清理庙里的废材，不亦乐乎，远远地赏看，心恬淡而幸福。

车子启动，走时，深情回眸，依稀风里，是银杏孤独的剪影！

2010 年 11 月 16 日

生命的意义

世事无常，有关死亡的话题，又一次在心里疯涨。如果面对死亡，你害怕吗？

网络上、报刊上，到处是印尼遭地震、海啸与火山爆发三大自然灾害侵袭的报道，遇难，失踪，无家可归，死亡的气息铺天盖地。天灾面前，生命脆若薄纸，无关璞玉或顽石，归于尘土的宿命，如出一辙。

生命就这样沉寂地蒸发，谁料想，此后，想要与最亲的人告别，已没有机会。

世界在惊天动地地哭，大脑一片空白，已忘了身体里弥散的恐惧。

怜悯在世界各地泛滥，家园被夷平，肉体无衣蔽，红色的液体悲怆地渗进冰冷的废墟，自尊已被深深地搁浅，只有一个苦撑的念头在胸腔反复地纠缠——我要活，我只想活。

我真的会死吗？生命陨落的刑罚只给有罪的人，我不想，就这样化为灰烬，我不想，轻如鸿毛似的与世辞别，好多事情，我还没有来得及做。是的，我鲜红的血应洒在金戈的疆场，我灵异的魂应回归母亲的怀抱，哦，母亲，可是我却嗅到了死亡的气息，你可听到我的灵魂在哭泣？母亲，原谅我的迟钝或麻木，那些本该与你共享的时光已被我肆意地虚掷，这里的黑比夜更恐怖，抱抱我吧，我只是你怀里那个没有长大的婴孩。

曾经的颓废，只是不知道究竟为什么活着，大地动怒，山脉发火，海水也扯掉温婉的面纱，咆哮着堕落的罪恶。灵异的生物，在废墟上软弱地摇曳，生命的意义，在终结的片刻，依然找不到活着的答案。

泪已凝干，湿了大片墟土，转瞬就被碾作泥。世界多么美好，不再混沌千年，而黑暗，却要将我埋葬。我是一片无根的浮云，没有同心的人相依相伴，却不舍地在虚浮的上空徘徊又徘徊。人类温暖的阳光刺疼了我的眼，心被灼伤，大爱汹涌，上帝啊，活着真是多么甜蜜的幸事，解掉我这死亡的结吧，我只想把幸福紧紧地抓牢。

给我重生的契机，我要扯下落地的窗帷，让风溢满每个空间。给我重生的契机，我要采集七彩的虹，使每一条道路鲜活闪亮。灵魂的城池不再盲目地沦陷，所有的磨砺不足挂齿。生命的意义，我不再无休地探寻答案。生命之光永生！

生活，原本这般美好。

2010 年 10 月 28 日

无果之树

　　小村里，那是一对极为憨厚朴实的夫妇，木讷，寡言，安分守己，循规蹈矩，低眉顺眼，唯唯诺诺，他们长着同样隐忍失意的脸，小心翼翼中总是透着疲倦的荒凉。当村里大多的家庭住起漂亮的小洋房或者砖瓦房时，他们，依然在低矮的土坯房里拉着近乎绝迹的风箱。

　　那是小村里一道永不褪色的风景，无论刮风下雨，那个忧愁淡笑的男人总是不离不弃地牵着他的女人。他的笑是机械而僵硬的，但能给他带来天大的好运，食不果腹时，他可以吃到悲悯者热气腾腾的饭菜，可以让他肤色白皙而疯癫的女人填饱肚子，更重要的是，他有了自己的女儿，他卑微的生命居然也有了欢快的循环。听村里人讲，那女人本是要饭的，虽模样周正，却智能低下。

　　他的女儿叫苗，大大漆黑的眼睛，弯弯长长的睫毛，笑起来，有两个惹眼的酒窝。她长得煞是好看。

自打降生，苗无辜的眼睛总是目睹着冬天的寒冷。她的衣着是褴褛污浊的，久不清洗的头发蓬乱地张扬着，散发着难闻的气味，当然，她与她的母亲是如出一辙的。她的小手，永远安静地牵着母亲的衣角，碎花的粗布书包斜跨在身上，漆黑的眼眸，清澈无邪，渗着一种凛然的气质，坚韧，不羁，似墙角里凌寒的一朵梅花。

一朵畸形的花朵，没有任何防护措施地开在墙角，任何人，都可以一览无余，任何人，都可以忽略。一直以来，她见惯了怜惜或冷漠的眼光。

当同龄的孩子们手脚不闲地上树掏鸟下河摸鱼的时候，苗在帮父母捡柴火，去村里的铁厂捡废弃的烂铜废铁。她清秀的五官总是脏兮兮的。宿命里，她是孤独的，生活的艰难让她一直觉得，生命是用来承受苦痛的，神从来不会将她庇护，更何况朝不保夕的父母？情感是空白的，月光是清冷的，寒冬里的小花，总是空旷而顽强地不羁着。

岁月的星辰交替变迁，白天与黑夜轮回更迭，生生不息间，苗十岁了。那个冬日的午后，阳光冰冷地打在她单薄的身上，如往昔一样，她在空迹无人的废弃场里捡着被遗弃的有钝重质感的破碎金属，冰冷的铁块僵硬地握在她干裂的小手里，但心脏是温暖的，她的神情是欢快的。她不知道，她已被邻村一群年龄相仿的孩子们锁定目标，当那些高高低低的孩子们蜂拥而上地抢夺她破烂的编织袋里废弃的烂铜废铁时，她恐惧而狂暴地大喊大叫着，无力的拳头茫然无措地挥舞着，混乱声喧嚣声让她的心更加焦灼，她的神情是悲愤的不顾一切的，可是，她束手无策。她木然地呆立在颓败空寂的场地里，那张绝望的脸上，写满了破碎，痛惜令她近乎疯狂，寒冷无处躲藏，这一下午的劳动成果，原本可以换来许多热气腾腾的馒头。心是无依的，恐惧孤单的生命里找不到庇护，身体里流淌着孤独的血，眼泪，在清冷的阳光下璨璨地闪亮，顺着眼角爬至唇边，咸咸的，空洞的，就这样，大颗大颗地掉落下来。

奇迹总是存活于出奇不意的瞬间，天外，突然冒出一个寸头小子，这头暴怒的小兽，没有禁忌地抢着手心里的铁块，胡乱地朝他们砸了过去，他追逐着，拼命地奔跑……

这场混乱的争夺没有扭打，那帮邻村的鸟兽已在视线里仓皇逃离。

风依旧，不知人间忧欢地低吼，喧嚣转瞬静寂，天苍茫，她看他，十五六岁的样子，英气逼人，球鞋破了洞，鞋带已散开，眼神不羁，眉角轻锁，嘴唇桀骜，下巴微仰，手心里正紧攥着一团污黑的硬块，他也在温暖地看她，乖张，沉默。

一朵畸形的花，没有任何防护措施地开在空寂的旷野，任何人，都可以一览无余。她从他的眼里读到了一种浸彻骨髓的疼惜。

荒凉的场地里，此起彼伏的风在呼啸地穿梭，头发凌乱地扑打在她的脸上，生疼。他用暧昧潮湿的眼神怔怔地看她，仅几秒钟，他的头扬了扬，转过脸，一声不吭地跑开，直至消逝在废弃简房的拐角。

独来独往冷寂的女孩，自卑，没有安全感，自傲，没有归宿感。灵魂是漂泊的，需要爱，我孤独，我孤独，要爱我。心总在冥冥地渴望着什么。无果的小树，任瓣瓣残花归于腐土，总会不歇地期待着下一个轮回。

那个叫禾的混混，她认识他，热衷于打架，逃课，嘴上总叼着劣质的香烟，辗转于镇子里的录像厅里，沉沦，堕落。可是，她需要庇护，禾令她感到安全，她从禾的眼神里读到了她所需要的怜惜。他是谁，是什么，都不重要了，灵魂里有一缕阳光才最好。无疑，禾是令她感到温暖的。

夏夜，不知几何，清静的小村开始喧嚣，巷子深处简陋的舞厅灯火明灭，到处弥漫着暧昧腐烂的气息。荧屏上的画面是赤裸的激情的，颓废的身体在忽明忽暗的蓝光下蠕动。她站在阴影里，禾的脸是苍白而憔悴的，带着沉溺，正在和一个头发夸张的女孩纠缠在一起。他的模仿不算拙劣，他在纵情地亲吻怀里的女子。

她目光冷漠。禾回头，慌乱地弃了那个女孩，恼火地拖着她冰凉的小手，仓皇地逃离。

苗苗，回家去，这不是你应该来的地方。他冷冷地抚摸她的脸，温暖的手指顺着脸颊，捏住了她的下巴。

读书，是你唯一的出路，知道吗？他的唇俯在她的眼睛上，轻轻地碰了碰。她平静地看他，眼神温软，渐渐地渐渐地，眼里盛开了一朵洁白的小花。黑暗中，她听到禾说，苗苗，你记得，你并不孤独，还有我，还有我呢，我就是你的亲人。

她几乎是被禾押送回家，走在巷子的小道里，心是紧张而兴奋的。夜风清凉，她的手蜷缩在那个大男孩的掌心，那是除了父亲之外第一个吻她的男子，她的心始终在怦怦跳动着。她觉得，有 天她会长大，会有一个温暖的家，有一个深爱她的男人，会生好多孩子，不离不弃，义薄云天，与日月共存。

院子里，苗看他，然后说，我回了。她的眼泪悄悄地流了下来。禾就是她的亲人，一个可以给予她庇护的亲人，她害怕孤独，害怕那些冷漠与鄙视的目光。

夏末的时候，叶子已悄悄地泛黄。禾一直抽烟，还在逃学，她喜欢看他抽烟的样子，嗅他指尖淡淡的烟草气息。

间隙，他会带她上树掏鸟，给她采一束束不同颜色的小花，偷瓜园里成熟的瓜果。她一脸仰慕地笑，禾，你是不是喜欢我？爱不爱我？他会伸出食指，轻刮他的鼻子，吻她的鼻尖，眯着眼，仰着头，拖着响亮的尾音大声地说，爱。血液沸腾，孤独像潮水一样退去，一去不返。暮色笼罩时，空气潮湿，花香模糊，她已看不清他的脸，那个时候，他会背她回家。她似乎总很疲倦，一伏上他的背，总会很快地睡去。

孤僻敏感的女孩，快乐是隐秘的，和别的孩子一样，她也在悄悄长大。

高中时，她已出落楚楚，剪水双瞳美艳绝伦，清澈纯净得没有一点杂质。那时候，太阳光下，总能看到她沉寂的给母亲梳理着头发，曾经邋遢呆板的母亲，被她收拾得愈发干净利落了。

她常做的事情，总是在黄昏，一声不吭地挽着父母的双臂绕小村散步一圈。显然，她的美是有震慑力的，已有人开始和她的父母打起了招呼，陆陆续续的，愈来愈多。无措的父亲受宠若惊地搓着手，不安地语无伦次，而母亲，永远都是一幅笑呵呵的样子。

她笑，漆黑的眼里蓄满泪水。

那个五官干净明亮的男孩，嘴角微翘，不羁地泛着邪气。他是她的亲人。

她近乎哀求地说，禾，你找个正经事做吧，不要再这样混下去了。那个英俊冷漠的少年，也在迅速长大，高大挺拔，打架斗殴，抽烟酗酒，夜不归宿。说是农民，不爱种地，说是工人，不拿工资，衣装另类桀骜不驯地游荡于街边的舞厅里。她只想将他救赎，她觉得，她有责任。唯有她才能将他救赎。

禾的父母老在吵架，根本无暇顾及他的存在。

禾是聪明的，停止恶劣，开始安定。他决定离开，放弃他的小村，也放弃她。禾说他要走得远远的，去天涯海角。他说小村是令他厌恶的，深恶痛绝的，有太多沉沦的痕迹，他必须尽快将这里遗忘。他热爱五彩斑斓瞬息变幻的生活。

苗一直记得那个秋末的黄昏，凄冷，干燥，夜已早早地拉开了序幕，静谧的小村炊烟缭绕。院子里，苗将龇牙咧嘴的母亲强按到水盆里，她在给母亲洗头洗脸，呷巴着烟锅蹲在一边的父亲，总是一脸笑眯眯的样子。她像一缕阳光，让阴暗潮湿的房间生机勃勃。

禾静静地看着她给母亲用毛巾揉擦着头发。灶膛里的火光映着她的父亲祥和的脸庞，笑嘻嘻的母亲抓着禾提来的水果不停地往禾的怀里塞，苗用手轻拍母亲的脸颊，把乖乖的母亲安置在床的一角。禾的背紧贴墙面，空寂的眼里射出温暖不舍的光芒。厦房静寂，灶膛里的柴火在噼里啪啦地爆响着，锅似乎溢了，父亲手忙脚乱地掀起了大大的锅盖，转瞬，土腥的厦房里弥漫起一片浓烈的水雾。

他捉住她的手，如小时候一样，将她飞快地拖出雾气腾腾的厦房。

她的心跳得很痛，风过，胸腔里发出碎裂的声响。禾会离开她的，生命虚无，还有谁能陪她走过？她已习惯了禾的存在，灵魂是安闲的，静寂的。禾给她的灵魂注入了阳光，他令她感到安全，他是她的朋友，也是亲人，复杂的情感渗入血液，无处不在，唯有他，才懂她，没有他，谁来将她庇护？

她踮起脚尖，把嘴唇贴在他的嘴唇上。他的唇是清凉的。

禾在冷漠地犹豫，呼吸悄悄急促。世界死一般静寂。苗苗，你唯一的出路是读书，他镇静地克制着。她拉起禾的手，放置到她的胸上。禾开始不知所措，语调含混，苗苗，你真好。

又一股旋风袭来，院里硕大的梧桐叶子绝望地飘落。禾解开他的外衣，一把将苗裹进他的怀里。禾，你是不是喜欢我？爱不爱我？爱，他吻她，如小时候那样明晰地回答。禾，你要给我写信，一定要照顾好自己。苗苗，你的任务就是好好读书，你的未来会很光明的。禾，答应我，好好生活，不要继续沉沦。苗苗，我答应你，只当为你。再见了，我的禾。再见了，苗苗。

禾离开后，如人间蒸发。孤独是可耻的，但不可回避。世俗的烟火生活一天天过着，不知几何，她喜欢上仰头看天，一个喜欢仰看云朵和天空的人，是孤独的。离群索居地独处着，无声感伤着，情感是匮乏的，她的禾没有只言片语的消息给她。高三时，她收到禾的包裹，全是大堆的高考复习资料。后来，就断断续续地收到禾寄来的钱，禾说，足够她大学费用了。邮件上固定的地址暴露着禾的踪迹，她的心开始安定。

她如愿地考上了北方的一所大学，心不再惶恐或恐惧，有些细微的成熟。禾说过，苗苗，你记得，我是你的亲人，还有我呢，还有我，你并不孤独。她一直记得禾说过的话。

有四年了吧，禾都没有回来。任性的孩子，总是那么倔强。

大三的暑假，她按着邮件上的地址找到禾所在的那座南方小城。南方的天空，潮湿闷热，混乱，喧嚣，第一次看到茫茫无边的大海，看到形色各异的船只，紧张兴奋的感觉。找到禾时，他正在台资的流水线上手脚不闲地忙碌着。他说，苗苗，先找个酒店安置下来，不要为我省钱，下班了我去看你。

破旧的私人旅馆里，楼梯黑暗，长长的走廊一片漆黑，开灯，上楼，推门，潮湿闷热的标准间里，霉味呛鼻子，冷清的被褥上残留着陌生的污渍，茶具是缺了口的，桌子是斑驳掉漆的，地毯上凌乱的破洞被烟头烧得焦黄。

禾叼着烟，皱眉，冷寂的双眼粗略地巡视一圈，怜惜地摇着头说，苗苗，你真傻。

千里迢迢，她只想见他一面，其它的，并不重要。

靠窗的单人床可望见海，打开窗，能闻到鱼咸腥的味道。陌生遥远的城市里，禾不再遥不可及，他就在她的身边，没有距离。强烈的激情控制着她，整整穿梭一天两夜，才辗转至禾的身边。禾是她的，她的禾在蜕变，那个神情桀骜的男子，能够安分地工作，这令她难以置信。

夜半，凌晨四点的样子，她被轰隆的雷声惊醒，起床，喝水，空气是发霉的，皮肤潮湿，头脑清晰，她用薄薄宽大的毛巾裹着赤裸的身子，依在窗前。风掀起窗帘的一角，疾速的雨滴顺着海风凛冽地向屋子里钻着，海平面上不再安静，隐约零星的灯火一闪一闪的。另一张床上，她的禾睡得正香，如婴儿般。

她掀起禾的被角，潜入他的被窝，将头轻置于他的臂弯里。

四肢慢慢地舒展开来，如饱满的花蕾，在悄悄地盛开。呼吸在黑暗中急促，胸腔似有爆裂的泡泡，在咕咕地沸腾。花无声地落，潮水一浪高过一浪，将她包裹，双眼微闭，没有挣扎。他像一条鱼，在激烈的浪涛下纵情地扑打着喧嚣的水花。她嘴角凝笑，亦如十岁那年的他，短短的寸头，破了洞的球鞋，却像一头暴怒的狮子，无畏地冲锋陷阵。

窗外，大雨滂沱，惊心动魄，远处里，传来隐约轰隆的雷声，"喀嚓"一声巨响，山崩地裂的感觉。

她把头深埋在他的颈窝里，紧紧地拥抱着她的男人，亦如抱着的，是她整个的童年和少年。她紧贴禾，贪婪地吮吸他肌肤的温度，冰冷的心不能自控地悄悄融化，眼前的阴影是迷乱的，破碎地闪烁着星光点点的碎花，迷离混乱。空气是暧昧缠绵的，人已麻醉，夹杂着轻微的眩晕，大脑已明显供血不足，混沌，迟疑，一言不发的沉默，无语地纠缠，长长久久，恍若三世。激烈的身体终于慢慢地趋于镇静。黑暗里，她用宽大的毛巾将赤裸的身子缠绕，起身下床，走进淋浴间。

无眠，打开电视，看着天在隐约地发白，南方的光线是刺目的，透过窗帘，急不可耐地渗进房间。她害怕强光，尖锐，激烈，杀伤力十足，只有在夜的掩护下，心才是温软的，才是灿烂的。

该走了，就算幸福只是瞬间浅酌，心也会微醉。她本来就是一个多情而敏感的孩子。她的纯真没有设防，明亮的眼睛总是天真无邪着。她笑，不堪重负的脸上写满了破碎。禾的生活是安静的，她的担忧显然多余。

收拾好行李，禾还在酣睡，半跪在禾的床前，她最后一次轻吻他的额，他的手。她终于消失在楼梯阴冷的楼道里。

火车整夜整夜地在苍茫的群山间穿梭，她一直睡得很不踏实。她的童年和少年，已离她愈来愈远。心是荒凉的，她深爱的男人，拒绝回来，并肯定地告诉她，他将永不再回来。他坚定地抛弃了小村，抛弃了她。禾说，太多沉沦的痕迹，必须强制性地抛弃。他说他只是一个混混，一个遭人唾弃的混混，而她，读了那么多的书，有光明的未来，她会有一个深爱的男人，但不是他。禾说，苗苗，于我而言，你只是一株小小的树苗，一株月照满庭的丹桂树，丹桂树是没有果实的，虽然它确有满庭。

她的心没有失望，而是被无边的绝望恣意充斥着。往事的片断是温暖的破碎的，凌乱地左右着她的情愫。黄昏里，她伏在禾的背上，她的唇紧贴禾的耳畔，意识是朦胧的，她双唇轻叩呢喃着说：禾，你是不是喜欢我？爱不爱我？禾总是回过头贴贴她的脸，拖着长长的尾音响亮地说：爱。她的泪流了下来，她听到心碎裂的声响。日月更迭，良辰美景，于她，都是遥远的碎片。

她的心脏是疼痛的，大脑一片空白，我要爱，我孤独，我孤独，要爱我，可是她的爱情，只是一株无果之树。

纵是无果之树，也请不要嘲笑，无果的小树，任瓣瓣残花归于腐土，仍会不歇地期待下一个轮回。

她无果的爱情，已丢弃在南方。

2010 年 10 月 7 日

都市，没有爱情

那朵叫爱情的小花，透彻单纯地开在山坡，即使不打眼，也从不拒天地精华，阳光雨露，风撼雷摇，在清风中微澜，极尽绚烂地招展。

瘦瘠的山野，疯长荒芜的寂寞，爱情的花朵，依然顽强地存活。牧羊的少年，翻越几道山梁，沙哑高亢的信天游在云端飘荡，他的兰花花，在山的那端，孤傲，清绝，盈满笑嫣，阳光的花瓣，弥散整个黄塬。

花，渴望如玉的爱情。风中的少年，歌尽了寂寞，从不曾孤单。花的笑是浅浅的，与有缘的人在一起，纵是荒凉的旷野，绿也会生机勃勃地摇曳。现实本就这样，即便一颗顽石，也有通灵的根。

一个来自都市的青年，路遇爱情的小花，谨慎地采撷，如水地亲吻，羞涩的小花瓣儿，嗅到了爱情的甜蜜。如水的亲吻，凝成冰吧，这样他就完全属于了我，别人看着很冷，我却觉得欣慰，因为如水的吻不会流走了，它成了可把玩的固体，成了冰一样的水晶，成了一生挚爱的收藏品。

城里的灯火浑浊不堪，月光的灵气也被阻隔。流离失所的小花，被势利的火焰熊熊地炙烤，空气里弥漫着腐烂的气息，虚荣，攀比，享受，无力地沉沦，颓败地凋落，那个暧昧的青年，已厌倦了她的无措。心已麻木，看不到曙光，寄人篱下的摇荡，不是她所要的结果。

生命在延续，自私冷漠的土壤里，培育出坚强的果实。掰开两瓣，壳里一片虚无。心开始恐慌。

爱情被颠覆，灵异的忧伤是一种别样的美丽，一个蒙尘太久的摆设，碍眼多余地孤单着。亲吻如水般流走，终究，没有凝成她想要的水晶。心总是局促。生活一团乱糟，她似空气般透明，整个城市，更像一座颓废的空城。花在笑，她笑的样子依然甜美，可谁又能看到她枝折叶落的泪？爱已被囚禁，那朵叫爱情的小花，重复遭遇金钱的买卖。财富没法兑换幸福，也无法购买如初的笑嫣。空空如也的壳似一条船，如怨如诉地漂在疾流奔涌的河面。除了将伤口掩饰，别无出口。

花的心是焦灼的，数不清的暗夜里，找不到培育灵魂的土壤，她的根，寂寞地延伸着，却总是，延不到山的那端。

日子如一潭死水，流年死寂。原来爱情，只是一种感觉。爱情，总是存活于贫乏与荒芜中。

其实，都市里并没有爱情的，有的，只是买卖。

2010 年 10 月 14 日

夜莺

我不记恨夜，夜只是中介，在夜，我是一只夜莺。

——题记

爱已锈涩，比常人更寂寞，残忍，现实，无眠于数不清的夜。迷惘，空寂，有夜莺相伴。

一个嗜喜喧闹的人，不知几何，几乎丧失了所有的语言功能，一言不发。沉沦在寂寞的夜里，听夜莺婉转的旋律，静心倾听，每一根听觉神经都被悄悄激活。机械冷漠地送别着时间，眸暗淡，心空灵，空气沉寂。

善良已隐匿，笑脸已雪藏，身体总是薄凉，淡漠冰冷的忧伤似藤蔓般蜿蜒，与世隔绝的热情深深浅浅，精神的匮乏终究敌不过寂寞的空前，活着的温度，爱情的温度，没有一样能够质感地触摸。

夜，漆黑无眠的夜里，只有文字与音乐才是可以取暖的，四肢蜷缩，独自体味着清寒。脱不掉的孤独，戒不掉的心伤，千古成恨，成瘾。

一只孤冷寂寞的夜莺，注定漂泊，听凄风浅唱，孤独地在夜色里迁徙，任冷风轻撩灵魂，孤单地歌唱，千年游荡，千年寂寞。

遥远天际，飘来断断续续的话：我不记恨夜，夜只是中介，在夜，我是一只夜莺。

空洞的眼眸只是一瞥，灵魂被震撼，心，流泪了。

精神在坠落，暗伤纷至沓来，依昔记得，那貌似信赖的人，含笑，真挚地赠予我无边的夜，轻易地将飞翔在蓝天的白鸽，点化为寂寞的夜莺……白鸽是我，夜莺是我，缠绵的歌声里摆脱不掉空前的落寞，困在夜的枷锁里，年年岁岁。

你可知，是谁骗走了夜莺的青春？

你可知，是谁骗走了夜莺的欢笑？

你可知，又是谁正骗走夜莺未尽的生命？

是夜，还是曾经信赖的他？

其实夜只是中介，我从不记恨夜！

灵魂被击中，所有的文字被痛快地粉碎，骗局被揭穿，日子注定煎熬……

心痛了，痛至麻木，失魂落魄中，又落泪了。

离天亮还要多久？无止境地沦陷于夜色里，做寂寞的夜莺，心已厌倦。

夜凄美缠绵，意识令人迷失，浅吟，弄花，却盈了满袖的恨，这是夜莺的劫难，也是夜莺的宿命。

天微亮，梦醒，黯然离开。唯有离开，才是最好的果。

其实生来，我并不是夜莺，其实生来，我不孤独。

冥冥中总是执著，相信总有一天，夜的精灵会回归蓝天，与相爱的他，手牵着手，看彩霞，看夕阳，看晚归的小鸟，听夜半花开的声响。

2010 年 9 月 2 日

病孩子

1

母亲又在哭，诅咒，摔东西，父亲已摔门而去，老式的木门支离破碎吱呀摇摆，差点要撞到她的额。她已不再受惊，曾经小鹿样惊恐的眼睛已开始冷静，漠然地送别父亲愈走愈远的背影，她手指交缠，内心里溢满了深深的抱歉，不能让母亲笑，真是天大罪过。

一直以来，她把母亲的不快乐归为自己的无能，都是自己不好。

从小，见惯了母亲与父亲的争吵打闹，每一次的争执都离不开金钱，看来贫穷是耻辱的可怕的，会蚕食掉人世间所有的快乐。

一个人破碎地坐在门墩，寂寞地看着同龄的孩子推着风车在巷子疯跑，她的心很迷惘很孤独，起风了，院里的花朵飘落在她的发间，她从头上取下那些粉红色的花瓣，轻轻地放进嘴里咀嚼，甜甜的涩涩的。

记忆总是在不经意间发出芳香的气息，她又想起那一幕——那正是午休的时候，她去二伯家找堂姐玩，怯怯地推门而入，正看到二伯和二妈衣不蔽体地并排躺在一起，而二妈，居然就枕在二伯的臂上，她漆黑的眼眸迷惘无措地停滞着，寂静的表面淹没了暗涌的温情，她呆呆地站在门口，嘴角泛起一抹不易察觉的微笑，像黑暗里一朵洁白的小花，散发着迷离的香气，无疑，那是温暖的令人向往的，她听到了皮肤发出缠绵的声响。

可他们，她的父亲母亲，他们总是在炕的两头各自睡去，童年的视线里，她终究没有见到他们像二伯二妈那样亲亲热热地睡到一起过。

幼年的天空，总是寂寥地忧伤着，母亲的暴躁总是在变本加厉，望着母亲的眼泪，心已痛至不能再痛，她漠然地掉转头仰望天空，轻声地哼着谁也听不懂的歌，总是一副无畏淡漠的样子。她只想快点长大，快快长大。

她记住了母亲对她说的一句话：影，好好读书，将来嫁个有钱人家。

除了读书，其实她是毫不起眼的，营养不良，瘦小，没有轮廓清丽的五官，更没有漂亮的衣服穿。所以大多，她总是自卑地地孤独着，除了和夏在一起时。

夏的家更穷，兄弟姐妹五个，她是老大，她的父母也总在无休止地厮打。

夏是个嘴唇厚厚的女孩，与影星舒淇长得很像，相较影而言，夏显得高挑，圆润，十分可爱。

教室里，她和夏躲在无人注视的角落，两个人抵着头勾着手，心照不宣地相视而笑，她们约定，将来一定要嫁个有钱的人家，远离贫穷。那年，她们十岁。

2

初三那年，她十五岁，而夏，却退学了。

夏的个子如雨后春笋一样冒着节，挺拔，纯净，窄小褴褛的衣服快要撑不住青春的丰盈了，饱满，晶莹，如园子里还未采摘的葡萄一样，让人有想要放进口里轻咬的冲动。

那个冬夜，很冷，天上飘着碎碎密密的雪花。

影，我要订婚了，我妈给我找了个镇子里的人家，他家很有钱，我觉得我会很幸福的，祝福我。

看着夏紧张羞红的小脸，她情不自禁地伸出手指轻触了下，很滚烫。

夏抓住她的手，她的指尖是冰凉的，她把影的手放到她的唇边呵了呵，又挪到她的腋下去暖，熟练得像小时候一样。温暖的体温顺着她的指尖开始传递，她感觉血液里似乎有了温度，冰冻的血管开始融化，有温暖的液体在她周身循环起来。

从小，她已习惯了，习惯了夏捉住她冰凉的手，抬起胳膊，很熟练地把它夹在腋下。

影，你要照顾好自己，你读书好，将来一定要上大学，你会有一个心疼你的男人，不会吵架，还会拥有很多很多的钱，我们拉过勾的。

她点头，漆黑的夜里，冷风回旋，雪花还在飘，望着夏清澈的眼眸，她的睫毛抑制不住地抖动起来，那还仅仅是个孩子啊，心不禁放肆地疼痛起来。

可是，她居然咧嘴笑了。

她瘦小的身子无声地拥抱着夏，很紧很紧，似乎只有这样，两颗心才会贴得更近，她听到了心灵与心灵碰撞的声响。

夏很快被接到了婆家，婆家在几里之外的镇子里。

没有了夏的相牵，她更寂寞了，学习也空前紧张起来，再也没有多余的时间去想夏。无眠的夜里，夏的影子会交错更迭，她纯真的笑嫣，丰满的嘴唇，清亮的眸子，散乱的头发……

她哭了，咬着被子，很冷的样子。

3

西安，这座北方的古城，前世今生里，长相思，在长安。

阳光穿越，典雅，慵懒，光线里浓缩着热烈的古香古色，钟楼有寂寞的鸟群在盘旋，很孤单的样子。

影十八岁了，远离家乡，来到梦寐中的省城上大学，这是最令她快乐的事情。她只想逃，逃得远远的。

坐在钟楼的广场上，晒着寂寞的太阳，看人来车往，忽然就想起了夏。

她的心开始疼痛，她死了，死于十八岁时的难产。

不是很有钱的人家么，怎么会吝啬到不送夏去医院生孩子？

她一直记得最后一次见夏的样子，臃肿，凌乱，脸色苍白得令她疼惜，与三年前的蓬勃判若两人。

无数次，她幻想着血泊里夏苍白痛苦的小脸，任是想象，已让她不寒而栗，她常想，那个时候，夏会想什么？

她的泪淌了下来，夏，你不是说过吗，要嫁一个有钱的人家么？

教室里，无人注视的角落，两个心照不宣的小女孩，抵着头勾着手，相视而笑。

她在冬夜里把她的手放在嘴边呵了呵，又挪到她的腋下去暖。

雪地里，她们紧紧地拥抱在一起。

可是，她死了，这个世界里，再也没有夏这个人的存在了。没有了夏，还会有谁温暖她冰冷的小手？没有了夏，她的孤寂还有谁能读懂？

4

二十岁时，她恋爱了。

她无力挣脱他的怀抱，罗有一对星星一样温柔执著的眼睛。

这是一个来自江南擅长暧昧微笑的男孩，手指纤细，轮廓清秀，带着浓郁的书卷气质。

他们在同一所大学里就读，同一个系同一个班。

影，不喜欢吗？月光下，他凉凉的手指轻触她的脸颊，问询的眼眸直白尖锐，直戳她心最柔软无力的部分，沉默，迷茫，她的眼神开始游移。

病孩子，她觉得她只是一个生了重症的病孩子，在畸形的园地里诡异地生长着，她一直觉得，她是不会结出果实的，一棵肥料尽是忧伤的植物，注定是寂寞而干瘪的。

这个缺乏温情向往怀抱的孩子，漠然地看着同龄人被父亲母亲拥在怀里，而那时候，她最亲爱的父亲母亲却在忙于吵架，而她呢，总是寂寞地躲在无人的角落。

一个人的角落里，仰望着天空，她会轻声地哼唱着谁也听不懂的歌，唱着唱着，就会有液体悄悄地浸湿她的头发灌进她的耳朵。

这个时候，夏会出现，会轻轻地握住她冰凉的手指，会默默把她的手挪放到她的腋下去暖。

可是，世界上已永远没有了夏。

她觉得，她病了，自从没有了夏，她一直在生病，皮肤总是发出寂寞的冰凉，灵魂总是空虚。

罗的怀抱有一种久违了的似曾相识的温暖，却与夏似乎不大一样。她的血液在从下至上地倒流，心在飘忽不止地跳跃着，眩晕的感觉直冲大脑，思绪凌乱，手足无措，似要爆裂的气球一样，用针尖轻轻一挑，已失去所有防备。

他的手犹豫地探进她的衣服里，她听到了皮肤发出缠绵的声响。

她又想起了那个中午，二伯和二妈衣不蔽体亲密的样子。雪地里，夏把她的手放在唇边呵了呵，挪到她温暖的腋下……

月光下，她的唇诡异地盛开了一朵小花，隐隐地，藏着暧昧的不羁。

5

她一直记得母亲看到罗时眼里的冷漠，一个南方小城里的漂泊者，就算留在北方这个城市里，能否担负起两个人的未来？显然，罗是苍白的、羸弱的，手无缚鸡之力，除了溢满爱的怀抱，他一无所有。

生活残忍而现实，她害怕贫穷，她一直觉得，贫穷是可耻的。

这场恋情注定只是一场极尽绚烂的花期，短暂，迷离，令人沉沦。她用目光冷漠地送别了罗，也送别了她唯一的纯净的不含物质的爱情，没有挽留。

以为心会麻木，淡漠，会睡一觉后，依然有朝气。

可是，她发现，曾经五彩迷离的颜色却在一一地褪掉，她的世界里只剩下黑和白，单一，反复，绝望地看着颜料失了水分，掉了色彩，直至被风干，直至丢了它原本具有的魂。

6

一个人，不再相信爱情，她的爱情，已经死了。

她病了，她觉得她只是一个患了重症的病孩子，触摸灵魂的夏与罗已很遥远了，令人安静迷离的拥抱躲在暗夜的幻觉里，她的友情爱情，总是在黑夜的孤单下发出腐烂的味道。

在这个物质颓废的浮世里，不安全的气息铺天盖地，生了病的孩子太多太多，快餐的爱情在遍地开花，虚妄着、迷离着，放肆地与不同的人频繁地约会，沉沦堕落，奢侈腐化，游离在夜的边缘，踟蹰在午夜徘徊，迷惘，无依，不想回家，任夜张开它漆黑的大口，将她连同那些患了同样病症的人们一一吞噬掉，灵魂在坠落……

病孩子其实总是无助而脆弱，病孩子的世界里没有温度，空虚，淡漠，颓废，寂寞，暧昧缠绵肆无忌惮。

病孩子的不羁与狂野总是隐匿在漆黑的夜里，伯牙子期，只是传说，倾心的人，已很模糊，岔路愈走愈远。

病孩子习惯将自己蜷缩，听花瓣忧伤地离落。

病孩子总是淹没在往事里，彻夜寂寞。

病孩子哭了。

她听到了黑夜里植物断裂的声响。

2010 年 8 月 27 日

一个人的世界里不需要爱情

　　音乐魔幻，歌者浅吟，灵魂被震撼，轻轻，淡淡，叩击着心门，内心深处所有清亮的美丽的记忆开始苏醒，灵魂似游离的躯壳一样，悬浮在暗夜里，苍凉的气息周身蔓延，心异乎寻常地沉沦着，午夜的百合在寂寞地盛开，神秘园的演绎纯美，灵魂在涤荡，心却颓败，采摘的人啊，你在哪里？

　　其实你只是野花，开了又败，败了又开的野花。

　　意识在无望的疼痛中混沌着，疲倦而安静，无邪的人世精灵在盛情地独舞。

　　一个人的夜里，心好孤单，想起母亲，想起孩子，只有想起他们时，心才有些温度，除了他们，我一无所有。

　　拿起电话，听母亲不咸不淡的声音，如喧闹的婴孩，终于开始安静。

　　心已千疮百孔，似一粒遭了虫蛀的种子，发着霉烂的气息。其实你是清醒的，这样的种子只能结出空虚的果实，也只有在暗夜里，才会肆无忌惮地发出这种腐烂的气息。感谢阴暗里盛开的小小百合，淡淡幽香，将腐烂的气息遮掩。

起风了，这个迷离的夜晚。

一个人，你只是一个人。

一个人的世界里不需要爱情，如一首歌唱的那样，爱情，经不起时间的折磨。

经不起时间折磨的爱情又怎么能称作爱情呢？

比如婚姻，那些经不起时间洗礼的婚姻。太多的人们一厢情愿地借着孩子的幌子在围城内沉默着，丧失语言的全部功能，爱人的眼里，没有疼惜只有欲望，你或我，只是商业社会里残留的低级生物。眼神里的冷漠和空洞，逃不出深深的空虚与绝望，天大亮时，依然清冷高傲。这时候，会想起一个不寒而栗的词汇，它的名字叫残酷。

爱在哪里？爱在点滴，爱在淹没的俗世里。原来，尘世本就是世俗的，不俗的只是人的灵魂。

心更加钝重地疼痛起来，理性淹没欲望，无助，浅薄，物质，全然忘了无爱的婚姻是不道德的、可耻的，所以骨子里，我鄙视。

浸透心扉的爱愈来愈淡，不可抗拒的孤单没有边际，灵魂在一如继往地漂泊。

其实你只是孤魂野鬼。问世间，还有多少孤单的同类？

俗世里，约束与束缚如此厚重，一次次蚀骨地疼痛，一次次露水样清凉，人到中年的爱情，总是虚妄而奢侈的。

失望或不满已不知道如何表达，生活照旧无望，寂静而清冷。在午夜时分，留恋地品味着百合花淡淡的清香，一天天孤单老去。

难道就这样，抵达生命的尽头？

突然悲凉地发现，其实你从来就没有活过。

每天都在包装自己，每天都在淡笑，宁静，沉默，可为什么，为什么总掩不住灵魂深处的恐惧？恐惧的感觉不可抵挡，恐惧总是不请自来地嚣张着，担心自己有一天会在寂寞中慢慢地腐烂。

其实也许，你只是恐惧一种感觉，那种寂寞的感觉。

寂寞的天敌又是什么呢？你是知道的，唯有爱情。

有时候，真的很感谢网络，网络给了人们最大的安全感，网络让人们不再恐惧，灵魂可以尽情地舞动，忧郁可以自由地释放，肆无忌惮地放肆，以此换取短暂的麻醉，堕落，沉沦。虽然只是虚幻……

快乐是隐约的，这一刻，不需相爱，只是陪伴。

一个人的世界里，本就没有爱情。

一个人的世界里，只是太过寂寞。

2010 年 8 月 18 日

一个人的世界里不需要爱情　/ 227

八月碎语

生活无头，日子继续，空气依然万籁俱寂，如果不生病，我想我已忘了怎么哭泣。

八月，古城的夏天依然温暖，靠窗，清风抚脸，头发在风中飞舞，又见周末。

屋子里空荡荡的，通体下垂的淡淡的紫纱窗帘，在夏风的撩拨下轻轻飘动，音乐忧郁，哀怨而颓废，桌上乱七八糟，心倦怠，拿起电话，却不知该拨给谁，想想，还是算了吧。

孩子不在身边，似乎总无事可做，看窗外，人来车往，空洞，迷茫，不可救药，如受伤的小兽，独舔着疼痛的伤口。

时间就这样浪费掉，从指尖悄悄滑过。

无望的未来令人窒息，如果继续这样孤独下去，总有一天，你会消失，灵魂会焚毁，没有谁会再意你的存在。

植物的盛开或枯萎，总是自然的法则，心超然，淡漠苍白。

对着镜子，笑，憔悴的脸上没有一点的气色，生命还在继续向前，自始至终，唯有依靠自己。

其实一直以来，你只是孤魂野鬼。

半月前生病时，眼泪就是这样无声地滑落，女人这种奇怪的生物，思绪刹那间会颓废狂野，像夏夜里跌落的流星的碎片，四散地破碎着，躲在无人的角落，把自己层层包裹。哭泣向来都是女人的强项……

日子在流，未来依然不可预见，奇迹始终没有出现，真挚的爱情已愈来愈远……

时光流转轮回，那时青春，我们只是半大的孩子，坐在自行车的横梁上，被他拥在怀里，感受他的唇轻吻着我的头发，他的气息干净清爽，夹杂着巧克力的淡淡甜味，轻风的传递令心愉悦，头发总被风吹得凌乱……总以为，有大把的时光可以挥霍，不经意的言语就是许诺，海枯石烂或山崩地裂，少年的爱潜滋暗长，我所要的感觉我所要的宠爱，即使万物静止，他都能给我。

流年飘逝，人已不见，空气里全是他残留的气味，散了来，来了又散，反复地交替盘旋，如雨后的春笋，一茬又一茬地涌现。

三十多岁的年纪，应该学会遗忘或适应，如果还是率真，单纯，未免可怕，这样浅显的道理我还是懂的，可心，总是固执。

涌动的人潮里，找不见暖心的那个人，斯人已去，还有谁会陪我地老天荒？

酒吧里，放肆的笑，旁若无人的亲吻，心彻骨的寒冷，疲倦冷漠，荒凉混乱，以为幻觉。心怯怯，无法相信任何人，怀疑这世界是否还有真挚的感情，矫情，虚妄，戏剧，泡沫，爱令人绝望。

灵魂在冷笑，心一如既往的善变，温暖了、冰冷了，一天天，持续老去。

其实，你只是太过寂寞。

心碎，似要爆裂的泡泡在胸膛炸开，原来你只是躯壳，除了相依为命的孩子，其实你一无所有。

不去爱，轻视被爱，已丧失爱的能力，温情只是存封在记忆里，幸福只是片断，所有美丽的碎片全已幻灭，此时此刻，你只是一叶孤独漂流的浮萍，没有爱情，找不到未来。

逃，只想逃，为什么总逃不脱，逃不脱生命的空虚和寒冷。

一个孤独的女人，已不知道如何将自己麻醉，手里抓住的只是烟花，闭上眼睛，掌心里的烟尘在悄悄消散。

空气潮湿，零星地落了几滴小雨又停驻了，期待一场大雨，清冷的灵魂需要冲洗。

2010 年 8 月 13 日

老白

1

老白是一个陕北汉子，我的眼里，他玉树临风，仪表堂堂。

这个人有些木讷憨厚，许多时候，总给人钝钝的感觉。

老白是一个老兵，扛过枪、打过仗，据说，从越南前线归来的那天，锣鼓喧天的人群里，冲出一个极漂亮的女子一把抱住胸佩大红花的老白，喜极而泣，手足无措的老白在战友们惊羡的目光里懵懂地出尽风头，谁也不曾料到那个总是闷头看书的"憨娃子"会有如此令人妒忌的艳遇。

那是老白的初恋，因地域之由，这朵青涩的爱情之花终究凋谢。

有关这场爱恋，没有惊天地、泣鬼神，老白尽量平静地讲给我听，虽语气淡淡，可我分明感觉到他眼眸的深情，我被老白深深地感动了，心暗忖，想必那纯洁的爱情之花，定然长久地开放在他心的某个角落吧。

他说，此后无爱，结婚，生子，责任，义务，偶尔总会想起她。

爱已成殇……

2

老白的妻美丽贤淑，小他许多岁，替他孝敬年迈的父母，带一对年幼的儿女，任劳任怨。他们平平淡淡相依相靠，近二十年的岁月里，相敬如宾，波澜不惊。

女儿长大了，正是叛逆的年纪，没有文化的妻愈来愈被女儿嫌弃，顶撞，不屑，自我，散漫，离经叛道。

妻无助，老白默默拉过女儿冰凉的手，语重心长：如果你都嫌弃你的母亲，那么有一天，我也和你一样嫌弃你的母亲，我们都不要她，抛弃她，试想想，你会怎么样？你记得，这个世界上，最爱你的人永远是你的母亲，谁也不可替代，包括我。也许，她的方式或方法让你厌恶，无法接受，可她的心是无私的，透亮的，你应该学会宽容她，而不是一味嫌弃……

老白的话让女儿震惊，第一次，她开始沉默。她在想，如果卓越的父亲和她统一战线嫌弃她那没读多少诗书的母亲，这个貌似幸福的家会是什么样子？

显然，老白是优秀的，喜诗书，擅书画，安闲得与日月同辉，平淡安逸，知足快乐。最后，他还略为羞涩地告诉我说，这一把年纪了，我还有一个理想，我还想与我的妻生一群群的孩子，无关男女，愈多愈好。

呵呵，祝福老白。

3

他从过政下过海，而今，一个人经营着好几个小型公司，因业务之由，他很忙碌，总在不同的城市奔波。

我一直没有料到，这个看起来沉默憨厚的陕北大汉，竟然胸怀一颗如此温软的心——

他开车出差，遇到大雨，碰到老弱妇孺在路边翘首等车，每每，老白总会不忍地驶入跟前打开车门……在路人疑惑的眼神里，老白憨厚的外形总是令人信任的，他已数不清到底自己义务地捎带了多少人次，每当搭乘者问他要收多少钱时，老白总是微笑着说，我不要钱，但有个要求，请跟我说一声，好人一生平安。

他跟我这样讲述时，依然平静，我的心突然间开始柔软。

4

某次，老白去陕北神木出差，来去的途中，他总是会遇到一个五六十岁的老农，那个篮子里盛满鸡蛋的老头搭了老白三次便车，途中闲聊，得知老白想顺便去尔林兔镇的红碱淖一游，这个朴实的乡野老头盛情相邀老白一行四人，他说家里有自家种的西瓜和甜甜的香瓜，他说大好人老白你一定要去尝尝，因为他的家离红碱淖仅一里地左右。

那是老白最痛快的日子，他说，这辈子，他从来没有吃过那么香甜的瓜果，还吃了老头的妻子精心为他们准备的农家饭菜，在那个农家的院落里，老白是最尊贵的宾客。

酒足饭饱，好客的老人家又执意亲自送他们进了红碱淖旅游胜地的园子，所行之人一律免票……

一生中，可以不求回报地帮助他人，也许帮了一百个人，都没有任何人回报你，可是不经意间，那第一百零一个人却翻倍地回报你，老白坚定而开怀地说。

5

每年，总有一次与老白相见的机会，似久违了的朋友，没有陌生。

我们总是在固定的地方吃饭聊天，然后，各奔西东，然后，是长长久久的空白，然后，他又会在来年的某天出其不意地从天而降……我习惯了与老白这样的相见，也习惯了他的失踪。

聊天中，我们会彼此汇报这一年来各自的收获或失落，父母，孩子，工作，薪水，方方面面。心很惬意，彼此静听，每一次，总觉得对人生又多了更深层次的理解，每一次，都是灵魂的盛宴。

饭毕，我从来没有买单的机会，他总会说，等有一天你挣的钱超过我时，你一定要买单的。

好人老白，平静，淡泊。与你相识，我悟到太多太多。

2010 年 8 月 12 日

小村

这个周末，一身休闲，离开喧闹，回到生我养我的小村。

小村的街巷，泥土的贫瘠了无踪迹，取而代之的，是钢筋水泥的现代设施。贫穷而泥泞的小道残留在记忆里，村村通的水泥道路及一幢幢高耸的小楼让远游的心加倍温暖，嗅着家家门前一街两行的花香，心轻快地回归童年。

黄昏的夕阳照着小村的街街巷巷，嘶哑了一天的知了在做着最后的冲刺，老屋昏暗的灯光下，母亲的脸上盛开着世间最美的花，看着母亲在厨房忙碌的身影，所有紧绷的心弦全部搁浅，久违了，我的爱，我灵魂休憩的港湾。

我狼吞虎咽地吃着母亲亲手为我准备的饭菜，不顾吃相，母亲坐在桌的对面温柔地看我，我羞涩地笑，继续风卷残云。

想必，子女大口大口的吃饭对母亲而言是最高的奖赏。

夏夜，无风，壁虎在纱窗上爬来爬去，窗外，对门的大妈和隔壁的婶婶用豪爽的乡音面红耳赤地争辩着什么。

院子里，我与母亲分别躺在老式的摇椅上摇着扇子，无须任何语言，心贴得很近很近。都说女儿是妈的贴心小棉袄，可我以为，妈是女儿的贴心棉袄才更为妥贴。

庭院里的茉莉花散发着淡淡的香气，凉风在指间的扇子里流动，仰望星空，乡村的夜空浩瀚空灵，稀疏的星光点点闪烁，隆隆的飞机拉着长长的线，忽而，会有流星一滑而过。耳畔，小侄子在不知疲倦地撒欢，蛐蛐在暗处盛情地演奏，村头传来几声狗吠，啪的一声，想必母亲又打死了一只蚊子……

我闭着眼睛，淡漠的心渐渐安静起来，诗意的乡村情结已融入我的灵魂与血液，无处不在，所有的疲累烟消云散。

不知几时，我的腿上、胳膊上，已经起了许多被蚊虫叮咬的小包。

整整两天，除了吃饭，我就是昏睡，不分白天黑夜。时间静谧地凝固，慵懒而恬淡，任田园的气息将自己完整地包裹，瞌睡好像积攒了几个世纪。

两天的假期很快散尽，好在，淡淡的忧伤被乡风一一吹落。

早上五点半，天已大亮，睁开惺忪的睡眼，游荡小憩的灵魂开始清醒，这个忧郁的乡下孩子，还得继续流浪。

母亲已早早地摆好了早饭，我依然是风卷残云般的吃相。

空气清新而潮湿，清脆的鸟声在树梢回荡，出村，回望，静谧的小村开始苏醒，视线里，母亲的身影愈来愈小，团团弥漫的白雾将小村渐渐地淹没……

心不再麻木，隐约中，风里传来小侄咯咯的笑声，似天籁！

2010 年 8 月 9 日

隐匿的疼痛

几年前，我遇到一只小猫，那是一只唯一时常让我心疼的动物。

那个夏末，刚推开门，隐隐中，总感觉有目光在寸步不离地追随着我，直觉的敏锐让我出其不意猛然回头，阴暗的拐角里，碰触到他无路可逃的影子，那是怎样的一双眼睛啊，纯洁、清澈、透亮、无助，如婴儿样，直穿心扉，一动不动，定定地打量着我，而我，也惊喜地看他，四目凝视，默然失语，一刹那，我知道我们已彼此相爱。

拥他在怀里，任孤单的他轻舔着我冰凉的指尖，心生柔情，不再麻木。

我住在三楼，阳台一直没封，我喜欢窗外绿绿的梧桐叶子伸到露天的阳台里，借阳光的味道，嗅梧桐的香气，听清风的私语，心情恬淡愉悦，体会灵魂渐渐明晰干净的快感。

想必，流浪的小猫就是从那开放的露台进入我的房间的。

小家伙很腻味，我走到哪里，它追到哪里，在我的脚下缠来绕去，牵牵绊绊，我假意抬脚，他会倏地逃窜，不一会，又会死皮赖脸地跳上我的床坏坏地轻咬我的脚趾。

日子淡淡，两颗流浪的心贴得愈发地近了，空气中愈来愈重的凉意因体温的传递而彼此温暖，我爱抚他，双手温暖着他小小的躯体，他的眼睛虽然沉默，但显得很快乐。间或，它会跳上我的肩舔我的耳朵扒我的头发，也会假装大口地咬我的手指然后又悄悄放弃。

深秋，窗外茂密的梧桐叶子渐渐地零落，风起的每个夜里，都有一地新的落叶铺满窗外的林子，依稀间，总能听到叶子离落时的轻声叹息。

起风的夜里，我去露台晾衣服，他的视线不离不弃，我看到他蹲在阳台上静静地看我，黑暗中，我能感觉到他澄澈的眼睛，温暖，清亮。晾完衣服，将双手随身擦干，我回身抱他，他开始调皮，左右跳跃来回躲避，并伸出冰凉的爪子顽皮地挠我，几次未果，我开始不悦。

我打算强制性地抱他回屋，他依然固执地淘气，我们开始对峙。

我假意放弃，趁他放松警惕时猛地向他伸出双手，他小小的身体飞快地逃离我的手掌，一眨眼，他已脱离我的视线，无边而漆黑的夜将他柔弱的躯体完整地吞噬……

掌心里还残留着他的体温，可他已杳无踪迹，在这个深秋的夜里，我浑身发抖、手足冰凉，哦，宝贝，你坠落的刹那，有没有恐惧？会不会恨我？

我泪流满面飞奔下楼，天上无月，漆黑一团，风起，林子里的树叶在轻声地沙沙着，阴森，鬼魅，皮肤能感觉到夜深处传来的阵阵寒意。

来到冰凉的栅栏前，却无法攀越高高的栏杆，漆黑的夜里，也搜寻不到他的眼睛，想必厚厚的落叶已将他小小的身躯掩藏，我只有轻唤着他的名字，居然，他在回应着我，声音凄厉，无依，我心欲碎。

回到出租屋里，自责，内疚，精神恍惚着，一夜难眠。耳畔，全是他凄凉的声音，声声质问。我浑身冰凉濒临崩溃，于天大亮的时候，沉沉睡去。

窗外的喧闹将我惊醒，我下楼，铁栏杆处，一堆的人在指指点点，他小小的身躯卧在栅栏内的落叶里，安静得一动不动，偶尔，会轻声地嘶哑两声，显然，他的声带已破碎，他的腿也已摔断。人群里我轻声唤他，它回头找寻，碰触到我的眼睛时开始停驻，四目凝望，我心颤抖，他的眼神凄凉、无助、惊恐、绝望，尤其那注满眼眸的泪水，更似一把寒光的剑，直刺我的心脏。

我无地自容几乎逃离，强抑住心里的纠结，再三委托身边那素不相识的阿姨一定要帮我照顾它给它包扎，因为一会，会有保安来打开栅栏，而我，还得去上该死的班。

整天里，心里全是它，都说猫有九条命，是摔不死的，可他为什么却要以这样惨烈的方式惩罚我？

傍晚下班，栅栏里空空如也，落叶里，我庆幸他已不在。久久伫立在冰凉的栏杆外，为他祈福，隐约中，听风里传来他欢欣的叫声。

害怕这样无所求地相爱，无疾而终，草草收场。

心隐匿的疼痛着，似乎要被揉碎一样，爱这样深刻，让我无以承受，而自己，已沦为幸存的囚徒。

从此，我不再养任何小动物。

2010 年 7 月 21 日

等

等，风口里，你还在等。

你是一棵树，一棵迎风傲立的孤树，默默地等一场路遇，好与君结伴同行。灵魂的温暖在等待中安静，世界静止，就这样甘愿老死。

风雨雷电，摇你撼你，你倔强地较劲。一地落叶，片片寂寞，就这样回归母亲的怀里，就这样化为腐朽，你指尖掩面轻声啜泣，终身一遇的人啊，你在哪里？请带我走吧，带我走。

原想着，与那个平淡的人，安静地过没有起伏的生活，终究发现了自己的无能为力。阅读流年，岁岁平淡，任流沙无端地从指间滑落，无助，绝望。

曾经来过的温暖早已不在，毫无山路的爱情无望无果，任多情笑我，心不再疼痛。你或我，已彼此遗忘，从此不见。

你只是一棵树，一棵迎风傲立的孤树。

当恋人在你的身体用小刀刻下海誓山盟的时候，你忘记了皮肤的灼伤，无声地轻和爱的赞歌，泪不再流淌，略微淡咸的液体已化为琥珀，千年深藏。

你无畏地在胡同口迎风眺望，游丝的凄迷缭乱了碧罗天里的香气，岁岁年年，叶落无痕，寂寞地盛开着，颓败着，不厌其烦纤尘不染。

轻风里，闻枯叶掉落的声响，你想落泪，亦如面对空气里时常冰凉的体温，只想逃离。

无人能读懂你的生命，世俗的窒息令人沉沦，灵魂漂泊着、不羁着，气质忧郁，不可救药。

岁月让绿叶枯萎，美丽只为君的眸盛情独舞，朵朵风情，瓣瓣生香，只是啊只是，那抹绿上的印痕，谁又能弹指轻拂？

等待，任枯叶无声地凋零！

风口里，你还在痴痴地等。

2010 年 7 月 9 日

身体·灵魂

也许，相遇的刹那，灵魂会激烈地碰撞，那份透明与相似，简直就是前世里似曾相识的影子，惊喜，轻拥，简单而直白地彼此吸引着，岂容花期错过。

身体接触的笨拙令人失望，灵魂的共鸣与酣畅了无踪迹，皮肤交融的汗水里，洗不掉深深的孤独与寂寞。

也许，你们是痴缠的一对，但貌合神离，眼神淡漠，灵魂上相去十万八千里，就是不肯丢手，用自己的左手温暖着他的右手，肌肤相亲，彼此贪恋。

身体无声地抚慰温暖，皮肤的冰凉淡漠地掩盖着体内暗涌的温情，漠然沉沦，紧紧相拥，任暗夜里的罂粟花寂寞地盛开。

黎明初醒，眼被灼伤，理智开始冷漠。

与那不相干的人，灵魂上遥遥相望，似乎又相爱很深，而爱情，却从没在现实里存活。

紧拥双肩，灵魂加倍地空洞起来。

一个知足的女人，什么都想得开，就算没有体温的传递，可灵魂上拥有默契，也会心生柔情；就算没有灵魂的悸动，可身体上满怀激情，仍会执子携老。怕只怕，无论是身体上还是灵魂上，永远是月白风清。

　　身体或灵魂，其实太过寂寞。

　　身体或灵魂，害怕同时空白。

　　身体或灵魂，如果是单项选择，我宁愿放弃选择。

　　露水样的女子，注定是孤独的，心颓废苍白着，于时钟的嘀答声中，将爱情淡漠地遗忘，这是真性情，与宿命无关。

2010 年 7 月 8 日

送站

　　天上无云无风，热，出奇的热，似蒸笼，太阳炙烤着大地，望着白花花的马路，心很烦躁，怯懦着,望而却步。

　　公爹和儿子要去南宁，我去送站。头发花白的公爹肩上搭着大包小包，手也不闲着，硬把我拎着的包也抢了过去。真是惭愧，说是送站，所有的行李却被公爹一个人扛了起来，这个善良的老人，看到我穿着细细的高跟鞋。

　　等车，望眼欲穿，也没有等来一辆空着的出租车。看时间分分秒秒地流逝，我开始心慌，情急中，我们无奈地上了中巴车，车厢里高温而拥挤，看着一堆堆的行李，感觉我们更像难民。

　　终于到了火车站广场，所有的行李被公爹抢光，肩上搭着手上拎着，很是坚决。他大步流星，儿子紧随其后，而我，两手空空，却被公爹和儿子甩了好大一段距离。脚走得生疼，脸上有汗滴打在手上，出门前画的淡妆也花了，可依然追赶不上他们。看着一老一少急急奔走的背影，心五味杂陈不是滋味。

忽而，他们会在人流里回头张望寻找我，我的汗不停地淌，浑身燥热，内疚之感愈发强烈，感觉自己很没用，像个拖累。

这个善良的老人，已经古稀之年了，依然很有生气。他是值得我信赖的，把小儿交付于他，我完全放心。公爹视小儿为心头肉，寸步不离看他长大，可毕竟一大把年纪了，还要扯着一个小孩出远门，我的心难免纠结。

台阶忽上忽下，公爹执意不让我拿行李，似乎里面有什么贵重的宝贝一样，他只嘱我拉好小儿的手便是。看着公爹黝黑的脸上豆大的汗珠和湿透的背，我有些不知所措起来，心里痛感增强，我这是怎么了？

曾经，总是不在意他来来去去的身影，习惯了他孤独地忙碌。

曾经，总是他为我做好三餐和接送儿子，习惯了他对我和儿子的照顾。

曾经，他其实就是我心里的一座大山。

只是不知几何，心竟麻木得失去知觉。

看着公爹登高上低地安放行李，我似木偶，呆立车厢的一角。热，我只感觉天气异常的热，脸通红，似乎有成千上万条蚯蚓在爬。

一切收拾妥当后，他憨笑地擦着脸上的汗水，并塞给我一瓶饮料，执意地让我喝，似乎辛苦了大半天的人是我，而不是他。我推挡着，百感交集。

车开始缓缓地启动，我出了车厢，立在站台上，朝那一老一少不停地挥手，忽然才想起，这一次，我居然忘了和宝贝的小儿拥抱。

我看到那半大小子扒着车厢的玻璃，定定地看我，我笑，朝他摆手，他一动不动表情怪异，透过儿子极不自然的眼神，一刹那我感觉儿子的长大。

边上，一个年轻的少女咬着嘴唇红着眼睛，在拼命地追着火车，我说过不哭的，可泪水还是不争气地滑了下来。

热，这鬼天气，当火车变为一个黑色的点时，我的精神一下子虚脱。

2010 年 6 月 30 日

厮守

愈活愈明白了，棱角已被磨圆，不再尖锐。

相顾无言的两个人，厮守在狭小的壳里，空气极度稀薄起来。我似一条鱼，一条严重缺氧的鱼，鼓着眼睛喘着粗气，艰难地摇摆着尾巴，泪汪汪地寻着水源。

话愈来愈淡，眼愈来愈冷，就是没有抽身而退的能力，不甘心，太亏，想赢，不想让他好过，就这样相背无语地较量着，耗来耗去中，到底是谁误了谁的青春？

明知道，这是一份无望无果的纠缠，一份连简单的拥抱都是奢啬的缠绕，还要缠，就这样上瘾地互相纠缠着，徒生出满箩筐的恨来。

誓不放手，却找不见爱，爱已逃之夭夭了无踪迹，你快乐吗？这是何必？

不如撤退，礼貌地谢幕，咱不能降了自己的层次。当壳被砸碎时，刺眼的强光令人眩目，适应了好久，蒙尘的眼才缓缓睁开。

迷，花太香，暗夜里油尽灯枯的清守实在可笑。

丝毫没有降低自己的修养，太多的话语无须再说，微笑着，给他祝福，不把他当一回事，得体地离开，风度优雅，这一回，轮到他难受。

幸福其实是自己给予的，把幸福寄托在他人身上，真是勉为其难的愚蠢，尤其女人。

记得谁说过，最安全最合时宜的方式，还是跟自己厮守。

那就跟自己厮守吧，这未尝不可。

2010 年 6 月 28 日

野花

　　电梯里，总会碰到一个老女人，每次，那个老女人总是率先朝她眉开眼笑，嗲声嗲气地和她寒暄。她打着哈哈，眼睛眯成一条细线，心时常冷笑。

　　岁月已老，陌上花开，思绪跃过千山万水。

　　那时，她是刚出校门的学生，乡土的气息很浓很重。D是她的上司，一个说起话来东弯西拐嗲声嗲气的都市女人。

　　第一次，听到D喵喵的猫腔，她的皮肤一阵寒凉，浑身的鸡皮疙瘩簌簌地落了一地。

　　那是个很妖艳的女人，四十好几的年纪，总是自我感觉良好地发着字不正、腔不圆的嗲声，她觉的，她的耳膜迟早会坏掉，那简直是对她听力的致命摧残。

　　D的眼里，她是山间石缝里无人注视的野花，一个随时就可以揪掉揉碎的野花。

　　当着办公室里所有同事的面，D总会眼珠圆瞪地朝她凌厉地叫嚣着，似乎和她有天大的血海深仇一样，每当此时，她的大脑一片空白，嘴唇被咬得快要渗出了血，无名的野花依然倔强。

她常想，野花被揉碎时，花的汁粘在 D 的手心时，D 的心情会怎样？

这个市侩的女人，为什么每次看到她时，眼神里总会含着一把剑？那把寒光闪闪的利剑，冷漠而迅速地直刺她的心脏，而且，她还清楚地听到从 D 的鼻子里发出"哼"的那声伴奏。看着 D 摆着不再曼妙的腰肢愈行愈远，她浑身颤抖如跌冰窖，她只想逃，逃得远远。

体内年轻的激情已被榨干，夜夜梦魇着虚脱着，没了水分的身体急需补水，孤傲、透彻、安静、看破，冷暖自知的心更多了一层保护膜。

一段岁月里，她给 D 每天买早点，给 D 送一箱箱山里的土特产，陪 D 打牌，请 D 吃饭，给 D 送自己节衣缩食买来的高档首饰，她只想讨得 D 的欢颜，好换来 D 一视同仁的"嗲"，哪怕坏了她的耳膜。

她实在无力招架，尊严已被深埋，这是生活教给她人生的第一课。

除了发狠地钻研业务，她总是离群地寂寞着，好在，D 不再众目睽睽下丢她的丑。

秋末，满园里的花朵一片颓败，冷漠的枯枝不堪一击地脆弱着，一阵风，就可以听到清脆断裂的声响。

她是个异端，一个孤傲冷漠的异端。她昂首挺胸，她淡漠无痕，自我，倔强，似一滴水落进了油缸，怎么摇，也不愿融合。

做了三年的项目终于完结时，她被裁了。

上帝在这个地方为她关上门的时候，在另一个地方，定为她开了一扇窗。

桃花正嫣的季节，泥足深陷的颓废开始苏醒，对着镜子，自恋情节很重，一遍遍地自话自说着，我可以，我能够，没谁可以把我摧毁。我是谁啊，我怎么会认输?

自尊，刻苦，忍辱，苟且，当力量积蓄到一定的极限时，她终于像脱弦的箭一样冲向远方。这一次，她赢了，浩瀚的人生坐标里，她找对了属于自己的位置。

日月如梭，十年的时光弹指而逝，山间的野花依然年年朝气地盛开着，顽强，倔强，清香，幽雅，笑看日出日落，静观朝花夕拾。

她搬家了，新的小区里，衣冠楚楚的人们总是面无表情地冷漠着，她感觉甚是好笑。意识里，她觉得这里的人们更像一只猫，一只总是高度警惕而被圈养的猫，只有在黄昏时，才倏地溜出家门穿越草坪。

遇到D时，电梯里恰恰只有她们两个人。仅一秒，她看到D惊讶地张大了嘴巴,而她,却听到了玻璃被猛烈撞击后稀里哗啦破碎的轰然巨响。

十年一觉日月同辉，曾经盛气华贵的妇人，已一脸颓败地涂满了沧桑，似深秋里衰败的残枝，失了水分干瘪了。她想，D定然怎么也不会想到，那个当年反复被她揉碎的野花居然顽强地存活了下来，生气蓬勃。

看D尴尬错愕的表情，她笑，无声。

清爽的野花总是神采飞扬，无所顾忌，看白云轻轻地飘过，听雨声沥沥地唱歌，快乐，憧憬，充满了旺盛的生命，根深悠远，天地开阔。

生活啊，真是有趣，我常想，一个几尽被揉碎的野花，是什么给了它无穷的力量？蔑视？压迫？似乎是，又不全是。

2010 年 6 月 18 日

幻觉

注意到她时，她正旁若无人地摔了电话，寂静的写字间里一片哗然，众目睽睽下，她凌厉而孤单地拂袖而去。

显然，这是一个真性情的女子，尖锐直接，圆滑欠缺，丝毫不会控制自己的情绪。

她的赤裸让新来乍到的我吃惊，由此，我也记住了这个叫Sweet的女孩。

她很不合群，干净清秀的五官隐着淡淡的忧伤，眼眸的灰暗像颓败的花朵，令人怜惜。大多时候，她总是久久地坐在电脑前，脸色苍白而憔悴，安静，冷漠。

那张脸让我产生遐想，心里的伤，恣意透明着，似打了重剂量的麻药，当事人没了痛感，却总让旁观者心痛得手心冰凉。

这是个适者生存的社会，性情纯简的 Sweet，总是像一团易燃的火药，一不小心，就会与同事摩擦些火花，故此，新来的我很少听到有谁对她心存好感。

我不知道她心里在想什么，可我能感觉到 Sweet 的孤独，世界上还有什么样的痛苦能敌过灵魂的孤独？

怜惜？好奇？说不清道不白，她身上散发出的那种自我、放任、冷漠、懒散，我都会抑制不住地偷偷欣赏。

恰逢女人节，我开着车满城游荡，我要给这个叫 Sweet 的女孩买城里最漂亮的玫瑰。

我怀抱大捧火红妖艳的玫瑰，张扬、高调，越过一双双惊奇的眼眸，很认真地，把它插在了 Sweet 的办公桌上，并留下一张卡片：送给我心中最美的女神，节日快乐。

我的嚣张没有等到我所期待的回音，很遗憾，Sweet 恰恰出差，孤独的玫瑰在 Sweet 的办公桌上寂寞地盛开着，满腹心事。

再见 Sweet 时，已是半月后，我定定看她，她的眼掠过我，表情冷漠。

我心刺痛，别了，我的爱，只可惜，那些风中凋谢的玫瑰。

我像一个小丑，一个尽人皆知的小丑。

下班时，我看到 Sweet 还坐在电脑前，丝毫没有离开的意思，我的脚不听使唤，竟踱到她的身后，也像是自话自说：下班了，我送你吧，一起走。

第一次，我终于正面和她单独地坐在了一起，空气沉闷，我有点无措。

Sweet 倒落落大方起来，并要了红酒，那些酒倒在透明清亮的高脚杯里，像兑了水的血液，鲜红，刺目。看她异常的友好，我竟然不适，以为幻觉。

我们也许太过孤独，不一会，已敞开彼此的心扉。Sweet 不停地与我碰着杯，言词不多，只是闷喝，偶尔，会说些似懂非懂颓废萧瑟的话。看她淡淡的表情下隐藏的悲凉，听她微醉薄轻的声音，我不能想象，单薄的她如何负载了生活给予的伤痛？

酒至酣醉，我看到 Sweet 的眼里泛起了晶莹的泪光，她的声音丝毫没有含混，很清晰：Drunk，我感谢你的玫瑰，只是，你来自河的对岸，已没有船只能将我摆渡，何况，你并不了解我，也无力承担，我不想做谁的拖累。

她的眼泪将我的心脏打湿，我扶她上车送她回家，一团薄薄的冰凉涔至心底，我感觉，她真的醉了。

再次见她时，她已恢复冷漠，我们中间仅有的那点痕迹，已被她干净彻底地擦除。

此后不久，我辞职，永远地，离开了这个令我怆然的地方。

湿而冰凉的泪水，甜甜酸酸的红色液体，薄凉的嘴唇，坚定的眼眸，美丽的画面一次次在我的脑海里更迭着，穿越时空，恍若隔世。

日子逝去，那些，也许真的只是一种幻觉。

2010 年 6 月 16 日

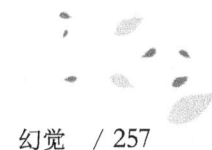

黑夜·文字

　　三天的小长假呢，粽子飘香，想想，心都是轻松愉悦的，已午夜了，还不想睡觉，每个期待已久的假期里，疲惫不堪的身躯总是被这样超常无度地挥霍着，有点像网络上四处飘荡的安妮宝贝，在凌晨时，还纵情于文字里，也如当代大作家路遥，早晨总是从中午醒来。

　　我害怕黑夜又向往黑夜，似矛盾，又不矛盾，只知道许多气质美丽的花朵，只有在夜色的掩护下才会悄悄地绽放，夜的诡秘或奇妙让孤独的心有了灵气，黑夜任我无边驰骋，轻快地玩弄着文字，沦陷在文字的毒里，无所眷属，每一字，都是盛开的心灵之花。

　　当孤独成为一种习惯时，也习惯了文字的做伴。

　　曾几度，也恨那些文字，无人能懂我文字背后的那颗心，知音难觅，弦断谁听？孤傲着，失意着，依然形单影只，一夜间将所有的文字随空抛掷，并发誓永不再写字，随后的事实里，誓言还是轻易地被我背离，不快，失落，厌恶，无眠，文字总不离不弃，任我宣泄，无法想像，没有文字的我会怎样？

其实，最温暖最可靠地陪伴着我的，除了文字，还会是谁？

夜黑，心不安分，想家，厌倦了城市的喧嚣，思想里有轻风拂过，头发散乱流浪四方的女子，模样冷俊，眼神游移的男子，颓废喧嚣的音乐，浩瀚无边的星空，小村，泥土的腥味，戴了面具的甜言蜜语，迅如流星的海誓山盟，久违了，一切都不太真实，一切又那么清晰。

期许的感情如浮云般愈行愈远，无望无助的爱情搁浅，想必已相忘于江湖，而我，只是镜中花水中月，太累了，我只想好好睡一觉。

我睡得很虚，花花世界，希望很虚妄，韶华在逝，疤痕累累，孤独的人生里，找不到能给予自己温暖的人，嗅着夜的气息，找寻不到自己。

我是夜行者，游荡的幽魂被无边的黑夜俘虏，尤其在这样的一个小长假里，当太阳苏醒的时候，我才会感觉倦了，睡了。

午时，惺忪的睡眼还未尽醒，短暂的幻觉里，意识抢先地问我，宝贝，今天你笑了吗？

2010 年 6 月 14 日

那风

　　每个向往光明的女子都渴望被爱包裹或重视，渴望生活在温情爱意里，那些理解、体贴、温存对每一个性情的女子而言都有着致命的吸引力，想必是任何一个热爱生活的女子没有能力拒绝的，爱来时，无论身躯或灵魂，会在对的那个人出现的刹那方寸大乱。

　　西汉时，家贫无为的文学青年司马相如去大富翁卓王孙家做客，宴间，主人盛邀司马相如抚琴助兴，司马相如推辞不过，边抚琴边唱自己创作的歌诗《琴歌》二首，趁机表达对丧夫寡居在家的富翁之女卓文君的爱慕之情，弹琴赋诗，仪表堂堂的司马相如可谓风头出尽，也终于赢得门后偷窥女子卓文君的倾心，是夜，卓文君私自离家投奔司马，一个有情一个有意，两人连夜私奔天涯……

　　这个奇女子，面对一见钟情的爱情，直率、大胆、热烈，我一直在想，在当时的封建社会背景下，那会需要多大的勇气？想必那时寡居而寂寞的她，定是因了司马相如对她借琴传情的关注将她征服，那份关注，似一缕春风，让她的身躯或灵魂，毫不犹豫地追他而去。

只要你细致地感知着我的存在，只要你的眼里我不是无足轻重，柔弱的女子也会勇敢，勇敢地颠覆命里的注定，哪怕颠沛流离，哪怕历经磨难。

是的，是风，是那股涤荡心灵的春风，无关时空，无关贫富，无关地位的悬殊，重重地叩响了那个知性女子的心门……

那风，会让岁月蒙尘的罗衣渐渐地鲜亮，那风，会让心中死灰的萤火熊熊地燃烧，就算你身处窘境，就算你韶华不再，爱亦会如春花朵朵地苏醒过来，瓣瓣生香，让安淡的灵魂，重新光芒万丈地风情起来。

2010 年 5 月 23 日

脸

老实说，我喜欢干净而清爽的脸。我相信古人的一句话：相由心生。

相，并不是面容的美丑，而是面容上所表露的情绪特征，是一个人情志的表达。

相貌千差万别，好看的孩子总是得到鼓励、赞赏、认可、包容，而相貌丑陋者，总是与打击、否定、讥讽、苛责为伍，至于相貌平平者，更是被忽略的对象。君不见，当今社会，人际或求职的优势，永远垂青那些五官端正的人们，谁又看到无人的角落里，那些被人忽视而几近扭曲的灵魂。

除了现代美容界发达的整容，我以为，要养脸，关键是养心。

想来，饮食、起居、读书、音乐，其实你一样都不能忽视，只有如此，你才能全面而不动声色地打造你的容颜，将外界的贪婪、忧虑、生气、嫉妒等不良的情绪统统过滤，留下的，全是慈悲、喜气、忍辱、感恩等等良好的心理暗示，久之，你会发现你的眼神开始澄澈，欲望或掠夺已不能轻易将你侵犯，由内至外渗出的人格魅力让你气质非凡地优雅着，哪怕你年至八旬，你也仍会慈眉善眼，和蔼可亲，反之，若整天食不香睡不安。心存算计地嫉恨着，你的脸色开始发黄，眼敛开始下垂，双眸开始充盈血丝，仇恨已不着痕迹地爬上你的脸……

长相的美丑，是父母遗传给你我的永恒，变化了的，其实是我们的心境，你的内心世界，通过你的相貌而美丑起来，当你心怀嗔恨烦恼，你的面部会局促、紧张甚至狰狞，当你胸怀开朗宽广时，你的面部则淡泊而喜气，故人常说心慈则面善，我想定是这个道理罢。

万世景象，皆是光影，爱恨情仇，都是妄念，全当是超脱的唯心吧，我，还有待于继续修炼。

记得，你可以丑，但你的眸一定要笑，你可以相貌平平，但脸面一定清爽，你有幸漂亮，但不能轻撇你的嘴角。

脸就是你的相，脸，其实是你的心，也是你的魂。

2010 年 5 月 22 日

爱的三步曲

曲一：辉煌与糟糕的较量

他最辉煌的岁月里有名有利有鲜花，唯独没有你。

他聪明有才，他开始感觉有些累了，那是他最软弱最糟糕的日子，他需要你像母亲一样抚摸他沧桑的脸，他还想如婴儿一样躲在你的臂弯，你失落你挣扎你矛盾，凭什么最卑微最糟糕的日子才会是我？你妒忌辉煌岁月里他身边的那个她，可终究，爱还是占了上风，你的怀抱无法吝啬。

其实你挺聪明的，因你深知，单爱他的辉煌会是多么的危险，那不是真正的爱情，那只是一个浅薄女子肤浅的虚荣，想有一段长久的真爱，你必须接纳他此刻的糟糕，只要你允许他伏在你的肩，他会覆上你的唇，印上最热烈的痕，并回报你：万分虔诚，一世爱情。

最深的爱，定然与时日一起成长，没有一种爱不需要岁月反复锤炼，所以上帝才让他忽而辉煌忽而糟糕，而真正经得起考验的，又有几人呢？

曲二：给自己空间

不介意他的不完美他的糟糕，义无反顾地去爱他，却发现，越是深爱一个人，越失了爱的功能，没有自己，满心满眼全是他，怕他热，怕他冷，为他夜夜失眠，只想每分每秒霸占他拥有他，一切的一切，只是因为，你负担不起失去的代价，怕失去，就没有抽身而退的能力，就崩溃，就精神失常。

爱里，为自己留些空间才好，爱自己疼自己，让自己每天阳光快乐，当自己有了足够的精气神时，才更有气力去爱别人，忘了自己，不顾一切的爱他，就如把所有的鸡蛋统统放在同一个篮子里，最后打碎的，定是一篮子的疯狂。

曲三：蛮不讲理

是挺蛮不讲理的，爱至深深，矛盾重重，看他急欲表白的窘态，你只想捂住自己的耳朵大呼不听不听不听，睡一觉，次日，日上三竿，你依旧灿若桃花满面春风，所有的不快早抛到爪洼国外，你没心没肺地嬉笑着，似乎什么也不曾发生过，他的心，还在耿耿于怀着，你已没事人一样和风细雨。

那些解释，那些道理，无需对最爱的人去讲，也并不是非得听他解释清楚，爱他，你会原谅他，所有的解释或表白全是多余，看他挠心挠肺的焦灼，你已原谅。

2010 年 5 月 20 日

蜕变

外面的热浪滚滚，坐在电脑前，痴，胡言乱语，在某个非主流的群里说无所顾忌的话，看陌生的人上来下去。呵，剥去工服，呈现的完全是另外一幅样子。

我看见自己的蜕变。有多久了，没有说话了？有多久了，没有给妈打电话了？总是沉浸在一个人的世界里，书滚烫的字，与世隔绝，久久沉默。日历翻过一页又一页，我阻止不了时间的脚步。颓败令人害怕，岁月变得荒凉。离更年期又近了一步。

我不知道活到这么大年龄的我还有多大意思。我对目前的生活状态感到惊恐——潦倒的现在，差劲的未来。曾经的清新，淡淡的悲，还有从前乐颠颠的上班，都太遥远。

接到同学的电话，说是一同学的父亲病逝，大家一起去同学家里去坐坐。

当时是夜里，我们赶到那孤远的村落时，吊唁的人很少，稀稀拉拉。耳畔的唢呐悲凄幽怨。我混在队伍里，机械地朝那陌生的黑白遗像深深的三鞠躬。

一个人过滤了喧嚣，只是不停地给自己斟酒。黑黑的夜里，手机的光线明灭。颓废将我降服，把我从生活拉入虚拟。我热爱网络，似穿越。所有的爱恨转瞬放空。

回身，放眼至黑漆漆的夜，透彻的黑令人绝望，整体的性情发凉，我正在一步一步地走近有关我的死亡。

我看见父亲在向我招手，我想我会先亲人们而去。我会在那边快乐地和父亲拥抱，我们一起种满园的花，一砖一瓦地垒全新的家园，然后激荡满怀地走出院门，等他们。

漂流的魂魄啊，最终的归属地。

当我死去，我彻底地投进父亲的怀里。

母亲啊，不要在风中继续眺望。我是一个四处奔波的路者。你寻不见我的背影。做你的女儿，真是多大的错。这是我沧桑一生唯一的遗憾。

我变了，心里的伤学会了隐藏，对爱不再奢望。都是泡影，全是瞎折腾。

以为心更坚硬了。接到久无音讯妈妈的电话，一开腔，涕泪已糊了满脸。

我在一个周末的午后赖在床上，有些孤僻，累，哪里也不想去。小小的风扇一遍遍吹刮我的身体。迎风，愣愣，找不到自己。心在一分一秒地消瘦，徒剩一个躯壳。亲爱的你，原谅我周末里没有陪你去晒太阳。感谢你在我人生最黑暗的时刻陪伴我，一起共享你的青春。我是一只感性的动物，我也会发脾气。你是一个小小孩，一不小心踩上了我这不该踩的地雷。当有一天你不再需要我，送别你，无憾。我熬不到曙光的出现。

鱼缸里本来好好的一条鱼突然死了。我没当过鱼，我不知道鱼临死的时候有没有恨我？ 自由自在欢快的小鱼孤单地游来游去，我一直没有惊扰它。那天心血来潮，亲昵地撒了些鱼食进去，它居然死去。它死不瞑目的眼触目惊心。我们是彼此生活的观望者。近距离的亲密即是通往死亡。它的死让我垂头丧气。

我在床上沉沉地睡了一觉，天亮了，所有的怨最后都不记得了。

坐在会议室里，心飘荡，老总的话语严厉。有点难过。风光不再，我热爱的事业愈滑愈远。

我看见自己的蜕变，涅槃的过程如此疼痛。

我知道，漫长的岁月，我正在一步一步地走近有关我的死亡。

2012 年 8 月 9 日

致命的拥抱

周末，携小儿去参加远郊朋友的婚礼，早早起床，开始精心地收拾自己，那小子，也开始在镜子前装模作样，他说他今天得拿出他最帅的状态给我挣面子，呵呵，这臭小子。

我们上了 508 中巴车，车上人潮汹涌，不熟悉的陌生的身子都贴得很紧，狭小的空间里，气流极度密集不畅，污浊而窒息。

我把着座位的扶手，靠近车厢的最后，窗外的冷风不停地吹动我的刘海，额头上有发丝在舞蹈，零乱而焦躁。

我看到小儿躲闪游移的眼睛在窃笑，顺他的目光，我明白了他诡笑的秘密。

车厢的中后方，一对人到中年的男女旁若无人地紧紧相拥，似黏得很紧的一对木偶，那女子分明就在那男子的怀里，她环着他的腰，贴在他胸膛的头一直仰视着他的眼睛，四目凝视不躲不闪，任巴士疯狂而忽快忽慢地踉跄着，我用眼的余光偷偷打量，虽然我看不清那男子的脸，可我依然想当然地断定，他定然沦陷在她如水柔情的眼波里，他的眼角眉梢，定然尽是绵绵情意罢。

埋进文字的忧伤已是过往，怦然心跳的爱令眼前一亮，所有的忧郁通通被吞噬，羡慕或妒忌的心已翻江倒海。

显然，他们不再年轻，可他们依然沉浸在自我的拥抱里，四目交汇柔情蜜意，全然忘了路途的颠簸，忘了耳畔的喧嚣，更忘了岁月的年轮在他们脸上打下的烙印，寂然相拥，默然相爱，空间已不再狭小，旅途的孤单通通被摒弃在车窗之外。

人生之旅也不过如此，拥抱让孤独寂寞狂放美丽。

快乐的心一刹那明快起来，忽然觉得，生了怨的爱情也一下子美妙起来，我揽过小儿的头，与小儿心照不宣相视而笑，他的头调皮地倒在我的怀里。

这时候，想起张小娴的一句话来：杀死一个女人，最浪漫的方法，是用力地拥抱她，直至她窒息还不愿放手。

呵呵，致命的拥抱，竟有些道理，致命的拥抱，想必也会杀死一个男人。

2010 年 5 月 19 日

灵魂的秘密

我已不再青春，可我依然充满活力，我有强烈的道德感责任感，我抵抗平淡中的忧郁。

好久以来，乏味的日子不停地循环往复，心，真的没有开心过。所以隔一段日子，就想去 K 歌房亮亮嗓子，和自己的心灵作一次痛快的对话，会肆无忌惮，会淋漓尽致，由此，枯燥的生活开始继续喘息，也会断断续续地继续活力。

有时想想，其实每个人都还是个孩子，无关年龄，无关岁月的年轮，也无关鬓间如雪的发丝。我们，都曾是别人掌心的宝贝，我，曾经也是。

间或，会听到朋友的表扬，夸我没有修饰地本色着自我着，没有张扬没有吵闹，只是静静地清守一隅，我会甜蜜地将赞美照单全收，为那不经意的夸奖，好长时间，我会如孩子般感动着幸福着。

可随着年龄渐长，我的笑脸愈来愈僵，心里会加倍地感到月光的清冷，孤独、无依、怜惜、庇护，七彩的梦反复地在心里纠结缠绕，时常恍惚间，会回到十七八岁。

没有波澜的日子就这样一天天淡淡地流过，月月年年。

不知几何，我开始迷恋上了闲淡，除了工作，我总是用闲暇读闲字听闲曲，我丝毫没有感觉到自己在浪费着寸寸光阴，相反的，我不知不觉地离弃了忧郁，找到了快乐，直至有一天，还遇到远隔天涯的他。

淡定的感觉让我独特，对人生更深的理解也愈来愈让我从容，当然，我没有脱离现实，也不会懵懂地风花雪月着，首先，我也要柴米油盐茶，我也会吃喝拉撒睡，我，只是俗世的一粒沙。

他似多年以前的老友一样对我凝眸含笑，虽然我们中间，隔着几十年的空白。

我仿佛回到少年，心开始奇妙。

我很愉快，那只是生命里美丽的碎片，炫目的香气似乡间五月的槐花，刺鼻而幽香地弥漫着，无孔不入。

我的道德没有沦丧，所以我没有非分之想，我只是感觉那些对我微笑的人会让我放松会让我欢喜，一张干净而真诚的笑脸，想必是世间最美的交流与表达。

淡笑红尘，从容气度，不求名不求利，我只想做一个欢快的闲人，热爱生活，快乐着，愉悦着，让落尘的眸重新地灵光焕发，继续欢喜地回到孩子的身边。

我的笑脸只为让我的孩子澄澈的心更加明亮，所以我必须学会自然地对着他微笑。

内心盈满了爱，快乐不用精心设计，一不小心，欢欣已与我撞个满怀，只是，我灵魂的秘密，藏在了谁也不易察觉的角落。

2010 年 5 月 12 日

欢喜

欢，快乐的意思，如宝黛之初见，共鸣与呼应一览无余。喜，快乐得不得了，会眼角眉梢，如春节一街两巷的红，透着漫天的喜庆。

欢喜这两字，如此的美好，会香若幽兰会笑逐颜开，会沁人心脾，会得意洋洋，每天都是新的阳光，每天都是鲜的空气，每一粒沙都温婉可爱，每一捧尘都是飘逸诗篇，甚至看到屋檐下正在忙碌结网的蜘蛛也会心生喜悦。

从晨梦中醒来，习惯地浏览手机上爱的诗句，反反复复，前前后后，被窝里溢满了爱的欢喜，桌上的凌乱窗外的吵闹与我无关。

我见欢喜，是幽谷里的兰，淡淡的，清明纯香，透天外之恒远气质；欢喜见我，是一低头的羞涩，远远的，巧笑嫣然，是山坡之熠熠灵气。

曾经，我是那么忧郁茫然，除了将自己封锁，我看不到天外的世界。老师说，你必须将过去遗忘。刹那间，我的泪夺眶而出。

我用了一周的时间，将过去彻底忘记，现在想起，恍如隔世。

老师是对的，他将我赎救，他说你得善待自己爱护自己，当你学会爱自己的时候，你才会善待身边的每一个人，你会发现身边的角角落落，都会有清新的空气流过。我笑了，我懂了，从此的每分每秒于我都是新生。

朋友说我变了，我变得喜气而精神，家人说我变了，我变得性情而温暖。

早上去市场吃饭，看到一溜溜摆小摊的夫妻热情的笑脸，我欢喜，油腻的桌凳也是诗意，这一天如此美妙。

上班，看同事忙碌地伏案工作，我欢喜，因为在没有任何人监工的情况下，我们是这样的齐心协力尽职尽责，敲打的键盘，会意的眼神，合作是如此得心应手，就算有差错也会爽朗笑之。

上街，看到老夫妇相携的背影，我欢喜，心弦被拨弄成串串音乐，心如在品尝香甜的甘醇，微醉着，那又何尝不是我向往的美丽？

野外，我看到田里有少女在拔草，看到满园的油菜花开，看到河里裸露的石头，看到光秃秃废弃的荒地，我欢喜，轻叹的心总有清风不停地拂过，黄昏下那是怎样的一幅美景？

晚上，我熄灯上床，打开窗帘，任月光洒满小屋，听音乐耳畔萦绕，我欢喜，在朦胧月光下品味和兰花在一起的浪漫，似知已在我的身边，两手轻握，脸上的笑嫣会愈醉愈美丽，心如婴儿般安详地睡去。

......

不想让持续的纷扰或争端继续影响我，因为正在温柔的心会刹那间剑拔弩张，不能让人欢喜的言辞，是横亘在真爱面前的一道天堑。

任岁月的车轮辗过泥沙枯草，我的满心满眼依然是幸福的火花，我还得继续修炼，直到有一天，世俗的喧嚣或浮躁，再也不会将我欢喜的爱惊扰。

生活啊，是这样的美好，这样的让人欢喜，做一个欢喜的女子，心情散淡，眼角眉梢，有爱，有情，有义，有勇，我想我能够，我可以！

2010 年 5 月 10 日

有尊严地活一回

高屋华堂，锦衣玉食，俗人眼里的我很幸福，有许多妒忌的眼睛在暗处偷偷地窥视我。我的不可理喻，我的无视良知，让关注我的人们深恶痛绝。无边的暗伤夜夜侵袭，像一粒沙，迷疼我的眼。钝钝的疼潜入心底，除了在世间继续强颜欢笑恹恹着，没有谁能看到那花早已悄悄地腐烂。

空旷的心房里，无边的爱愈来愈强大，有一个声音不停地回响在耳畔：你必须振作，你要有尊严地活。

我"幸福"而茕茕孑立的过往，已让心爬满了虫，千疮百孔。重重的划痕在现实面前反反复复地狰狞妥协，泥足深陷的绝望让我无以自拔，痛定思痛，最终破罐破摔。日子继续颓废着蹉跎着，女人最绝美的年华就这样一天天地流逝，惨惨淡淡没有视线，心已麻木，我以为，这就是一辈子。

我看到树的茂盛，看到草的倔强，生命的绿让不泯的心蠢蠢欲动起来，这个春天，我还是忍不住给荒芜的心田撒了一粒种。

我患得患失，小心翼翼，那粒种居然发芽了，我心狂喜，我心泪笑，游丝无依的心开始活了过来开始有些气力了，冥冥中，我坚定地相信那粒种子真的会长成一棵树。

希望只要倔强地不泯着，我想神会眷顾的，一定会。

干干净净清清爽爽地离开，不带走一丝尘埃，离开那本不适于你生存的土壤，抛掷心的负累，让自己轻盈如蝶飞向天堂，过自己想要的烟火生活，你必须。想清楚时，暖流涌遍身上的每一个细胞，我听到了心的欢笑，生命像蕾一样含苞待放。夜色里，我看到了花在偷偷吐蕊，香气直沁心底。

为情而生不为情困，赖以呼吸的精神氧气从我的心田柔柔地拂过，那是我的海阔天空，那是我的欢喜"冤家"，鲜活灵秀，生机勃勃，我深情地凝视着我灵魂的家园，穿越时空穿越生死，直至凝成尘世最绝美的琥珀。

不堪回想华堂里不洁的人心，隔一道皮囊，似隔天涯。

就让我有尊严地为自己活一回吧，从此不去依赖谁。这一次，哪怕任性活一回，这一次，宁愿只拼一次醉。一切的一切，只是不愿，不愿淡淡的寂寥再次惊醒时，又过了几个春秋！

2010 年 4 月 11 日

纯简之爱

和文字沾染的孩子注定是忧郁的，旷世的隐痛忽明忽暗、时隐时现，除了默默承受，别无出口。

自小，就喜欢淡淡的书香，每当新学期发下厚厚的书本，总会兴高采烈地在鼻下嗅了又嗅，然后小心翼翼地品读每一个神奇的字符，心如长了翅膀一样随性地跟着那一个个小小的方块字飞上飞下、忽喜忽悲，那种墨香，就这样久久地定格在我纯简的童年和少年。

真不想长大，自从步入青年，结婚生子，然后是为生存奔波，是柴米油盐酱醋茶，能在灯下品书香已是一种莫大的奢侈。社会的飞速前进令人眼花缭乱应接不暇，电子气息铺天盖地，如烧焦了的皮具，散发着刺鼻而浓烈的异味，键盘的敲打已是墨香的绝笔，我心凄凄，奈何，纯简的童年和少年渐行渐远！

这是一个物欲四溢的俗世，我随波逐流的沉沦将自己彻底赌输，功利心倍受挫折，自酿的苦酒，就得自己喝下。一个个迷情冷夜，心在疼痛，夜夜空帏的安静震撼着我失落的灵魂，受伤的心就这样默默地静静地恢复能量，期待着梦寐中那炫目的红会奇迹般地降落掌中……感谢时间这剂疗伤的药，痛定思痛，该是我勇敢地扯掉面纱的时候了。

是的，我要扯了那该死的面纱做回纯简的自己，只有扯了面具的爱，才是最璀璨的绝美，掺杂了物质的功利，会永远底气不足，看别人居高临下的冷，倨傲的心一次次隐匿地痛，我心里很不屑，那不是我所要的结果。

世界依然在轮回中不断变迁，我不想把自己继续封锁，更不要把希望再次虚无地胡乱寄托。心有了方向，开始强大，一遍遍偷偷地给自己打气，一遍遍默默地告诉自己，我只是一棵小草，一棵历经风霜的无名小草，高傲而感性，总是在路边，赏春华秋实，吻爱的步履，与落花一起，甘愿在爱的脚下岁岁年年地零落成泥。

感谢曾经的伤，是它让我一天天成长，生命中的矛盾与困惑没谁能安慰，只有在文字里才能找到灵魂的出口，日子才会有些气色与活力。勇敢的心就这样一天天地打发着寸寸光阴，可心的不甘不愿，阴差阳错的，让爱伴随着伤，一起与时日偷偷疯涨，直至长大。是的，我只想勇敢地去爱一回，让灵魂回归撒旦的怀抱，倾尽全力，尽情演绎，让纯简之爱不用设防，没有杂质，透亮晶莹，就算被爱灼伤，心亦甘愿，深知，无伤者，只能是婴儿。

女人啊，总是弱者，一旦由最初的防备到完全的打开心扉，如飞蛾，视死如归，甘愿冒险，哪怕没有明天。

回归天然吧，以爱换爱，以真心换真心，而不是如迂腐失败的农夫一样，只是不停地播种耕耘，却从来两手空空不问收获。那样的无私，除了父母慷慨地施予给自己的子女，原谅我，我不能够，我不能戴着面纱继续虚无。

做纯简的自己，怀纯简之爱，想哭的时候，抬头看天，谁的离去，并没有带走这个世界；想爱的时候，勇敢去爱，不求荣华，只求最美的年华里与你相遇。

做纯简的自己，怀纯简之爱，没有功利没有谎言，没有许诺没有物质，头顶，才会拥有一片纯净的天，爱才会重生，才会与时日一起悄悄长大。

做纯简的自己，怀纯简之爱，先从独立做起吧，卸了面纱，不再卑微地去依靠谁。

做纯简的自己，怀纯简之爱，当自己垂垂老矣，仍会妖魅如狐，在孙辈妒忌的目光下，醉笑在你的怀里！

2010 年 3 月 31 日

遇见

这一场遇见如浩劫，史无前例，彻底地颠覆了她所有曾经的哀愁。那些泪，那些痛，那些无眠的夜，一个个了无痕迹地消失殆尽，欢快与肆无忌惮让炯炯有神的眼睛泛着温柔的光，像闪电，霹雳地划过封闭已久的心门。

心怎么了？每分每秒地笑，没有牵强，没有做作，尽管他只是凡夫俗子却已让她频频回眸，跌入无底的深潭，他像父亲那样熟悉，他像兄长那般气度，这个干净睿智的男人，一见即倾心，没有理性，没有退缩，毫不犹豫，斩钉截铁，让梦寐的钟情毅然决然地膨胀，似高速路上飞速运转随时就要爆裂的车胎……

爱来了，措手不及欣喜若狂，彼眼在向此眼热情地致意，并说今生你是我的，我们要生死相依，彼此眼光流动的笑与默契已胜千言万语，今生风霜祸福，生死与共，不离不弃。

想想曾经的举步维艰、身心疲累，那时的生命之花啊，在流沙般的梦魇下一天天地失了水分，蔫着蔫着直至干瘪，绝望的心已不再奢望有谁来陪，没了自尊没了个性，更没了天然的自信，忧郁的天空总是延绵而悠远，找不到一朵云彩，心的薄凉让眼睛也跟着黯淡，日子的灰头灰脸是自己全部青春的演绎，曾错误地以为，这就是一辈子。

她知道自己是多么平常平淡，像一颗无名小草，没有谁会注意到她的存在，可心，却总是居于高点无法降低，固执地自傲，贫贱的心执拗地深信，终究会有一份完美的爱情在远处偷偷地窥视着她，在考验着她的耐性磨砺着她的意志。

勇敢的心就这样苦撑着，撑得好累，好累，究竟还有多少气力能让我继续茫然地蹉跎呢？

太阳终于出现了，冲走了心头所有的阴霾，在这生机勃勃的三月。

他嘴角的狂傲与霸道俨然就是她今世的"真命天子"，带着希望携着自信，迟到而惊喜的相遇令暗淡的双眸放射出电光石火，虽然彼此早已失散错过了整整几个世纪。徘徊，挣扎，却依然留恋在他的掌心，心甘情愿地接受着彼岸花温柔的诱引。假装心无旁骛，假装不喜不悲，面上眼眸的流光溢彩却已将心甜蜜地出卖。

这是今世最美的相遇，上帝终究给了她完美的结局，炫目的美已经令她死寂的心悄悄复燃。珍爱的人哪，我会将你置在我的胸口深藏，你的心跳，你的拥抱，分明就是我前世不慎遗失的宝贝，亲爱的，前世里一千次的回眸才让我在今世将你重新捡起，轮回的生命让爱终究找到迷失的出口，抓牢我的手，请不要将我一不小心再弄丢。

对你，所求不多，一个眼神，一个微笑，一声"媳妇"，心已如饮香茗般甘醇。她的身心，从此不再透支，那温暖的手，已将所有的困境赶走，眼里不再有迷茫，执子之手，一生一世的许诺着托付着，一世携老，不会错的，更不会错上加错。

苏醒了，灰暗而瞬逝的青春终究苏醒，心在歌，眸在笑，美在眉梢，爱在眼角。

风起，空气中有黄土的沙味，他的一瞥，像诗篇，浓郁而热烈，人潮中，挽起他手臂，依在他的臂弯里，借他的耳畔轻吻着，亦如普天下所有幸福的女人一样傻傻地嘴角痴笑，还想完全地占有他，拥有他，做他今生今世里永远的新娘。

遇见，让她深信她就是他命里注定的尕媳妇，他傻傻的尕媳妇。她如沐春风、她春心荡漾，脸上流光的色彩岂能掩住心底狂乱的念想。忧伤空掷，雁过无痕，那心，已丰盈，不再千疮百孔。

遇见，让快乐与幸福生死相许，莫失莫忘。

遇见，让这生的他们，成了永远的爱哥哥和笑妹妹。

2010 年 3 月 25 日

闲淡寂寞

三月，迎春花盛开的季节，淡黄的小花春芽初萌，在暖阳的温情下，"冬眠"已久的心在春之使者的摇曳下开始苏醒，睁开萌动的双眸，到处都是"春姑娘"轻盈的脚步，不知不觉，不炫不耀。心如脱线的风筝，急切地想要摆脱那冰冷而犀利的视线，只想飞得远些再远些，好高傲地藐视倾城的香气。

真是心想事成，异地的项目如一场及时雨满足了我急欲逃离的愿望，作为单位外派的唯一女性，我有幸到周秦文化的发祥地——八百里秦川的盛世西府宝鸡去出差，整理心思，置好行囊，将思念打包，安妥好孩子，我如笼中禁闭已久的小鸟一样急不可耐不管不顾，纵然飞离得不高亦不远，可依然无法掩饰心的快乐，城外小山百里渭水，这一切，我无暇顾及，先把自己安置在西府舒服的宾馆内。

不觉中，一周的时间已悄然而逝，每天，除专心致志地完成分内的工作，还给自己挤了大把奢侈而富余的时间，我一直推崇鲁迅先生这样经典的一句话：时间就像海绵里的水，只要愿挤，总还是有的。

除了吃饭，我几乎是足不出户地窝在这个属于自己的空间里，想像力的超级发达让我不忍浪费寸寸光阴。做自己热爱的工作，读自己喜爱的诗书，听自己偏爱的音乐，写自己欢喜的文字，世间，还有什么比这样的生活更令人惬意？

日子在充实和快乐中打发，浑然不觉独在异乡的孤单，我享受这属于自己的世界，自我，恬淡，曾经发了霉样不苟言笑的脸也开始生动，年年月月闲置的身心也开始苏醒，亦如城外草长莺飞的春天。

心很明快，不再失魂落魄，在这个被人遗忘的角落里，我如普天下所有藐视快乐的人们一样安静地享受着我的幸福时光，不再有寄人篱下的痛，不再忍加倍冷落的伤。我喜欢这样安逸而自我的空间，心很平静而欢快，无人打扰，更重要的是，没有不良气息的侵袭，没有罂粟花的味道。每天的忙碌证明了我的选择是明智的，这，是我对生活最美的妥协，尽管，心灵的悲苦与芳香无人触及。

古来圣贤皆寂寞，世态炎凉，知音难觅。一直以来，我都在慨叹着弦断谁听的落寞，可今天，在这寂寞而快乐的异乡，心竟不起一丝涟漪，胸中的净土在春日骄阳的照耀下开始生根，直至那半分花田流香四溢起来。恍然中，眼前一片花海，蓝天白云，一杯清茶一本书，淡淡而甜甜的清风拂田而过，鸟在欢歌，叶在离落，桃李芳菲斗艳，与寂寞零距离接触肌肤相亲……我笑了痴了，无力逃避的想象让心像生了翅膀一样浮想联翩，醉视田间寂寞风情，唯美至极，是千古绝唱，是不朽诗篇，是袅袅炊烟里一发不可收拾的迷失。

春色的诱惑开始兴风作浪，春心荡漾的心思不可抑制。记得张爱玲曾这样说过：诱惑，总是在我最绝望的时候以最绝美的姿态出现。我，绝望吗？推开窗户，仰望窗外的天空，太阳的味道铺天盖地，我不敢正视自己的心。

清新的空气混着桃花的香气，将心头的尘埃轻轻拂去，半分花田，一池清泉，鸟之离弦，花语呢喃，一切，都彰显着春的到来。春终于来了，没有约定不期而至。

我听到春敲打窗棂的声音，我听到春轻叩心门的声响。

生命的勃发让心异常宁静起来，闲淡着，寂寞着，快乐着。

夜来了，一个人默默地蜷缩在屋的角落里，心很静很凉。我在听寂寞唱歌，没有泪流成河；我在听寂寞落红，心不再疼痛；我在听寂寞独舞，灵魂没有悲苦；我在听寂寞欢笑，夜不再煎熬。情若游丝，静品这无声的音乐，没有爱没有恨，纵是对稚子最疼惜地牵挂，也抛到九霄之外，纠结的一腔孤独寂寞，不是心，是灵魂。

往事隐匿地疼痛，思念淡淡地弥漫，音乐的响起让我像踮脚独舞的舞者，倾情而专注。心如止水的抒情更显得心很闲很淡，如戴了伪装的面具一样令人不可思议。是的，恋恋红尘中，有谁，会与我一起共享这如水的夜色呢?

子时,心已不再疼痛,将一天的尘污彻底清洗干净,将自己置于大大的床上拥被而睡,我的愁苦,我的迷惘,我的疲倦,我的思念,统统的,被浴室的流水冲走,纵使未尽的残余,也被我坚决地掷入无边的黑夜,我自恋而倔强地将寂寞关在了门外,脑海中,那半分花田的寂寞桃红,正瓣瓣生香地尽落掌中。

2010 年 3 月 19 日 19:00 分

春天还会远吗?

　　这是一个温暖的冬末,久不多见的阳光普洒到整个高新街道上,雪后的高楼在明亮光线的映照下泛着清亮的光,显得典雅而干净,我像欣赏艺术品一样看着那远远近近朦朦胧胧的一幢幢漂亮的建筑,心情刹那明快起来。我热爱这片生机勃勃、朝气阳光的开发区,写字楼干净漂亮,行色匆匆的人们文质彬彬,甚至那公共广场的一花一草亦如有了生命一样妩媚地笑着,心的愉悦让我看到任何人或事都是快乐的,尤其今天,在这样一个冬日暖阳的午后,心情像那含苞待放的小花,随时都要绽放。

　　路面厚厚的雪在阳光温暖的照耀下开始慢慢地消融,湿湿的地面上到处是人们凌乱不堪的脚印,看似温暖的冷风吹在身上依然寒气逼人,头围围巾戴口罩的我不禁裹紧了外衣,踏着未尽消融的积雪,在湿而泥的街上小心翼翼地行走着,心情却是不可掩饰的欢快。

　　走着走着,我的脚步开始缓慢下来。

我看到了一个孩子，一个顶多只有一岁的孩子，他的浑身上下都是脏兮兮的，简直就像一个脏泥球，他一动不动地蜷曲在满是雪水的泥地上，单薄的衣服裹着他的躯体，他头着地侧睡在湿湿的地面上，双眼紧紧地闭着，脏脏的小脸红通通的吓人，略为稀少的头发在冷风的吹拂下斜斜地跳跃着，旁边那个双膝跪地的三十岁左右衣着干净的男子低垂着头，面前是一个缺了口的洋瓷碗，碗里是些在微风中微微抖动的零钞，一刹那我的心莫名地痛起来。那男子一直低垂着头，间隙眼睛上翻起来，撩我一眼又迅速地暗淡，我呆呆地驻在那孩子面前，他终于低眉顺眼地说话了：这孩子发烧呢，行行好吧。并下意识地把那可怜兮兮的缺了口的洋瓷碗向我面前推了推。

　　一阵寒风吹来，我不禁打了个寒颤，看着那孩子双眼紧闭，蜷曲着一动不动，我甚至有伸手试试那孩子还有没有呼吸的冲动，母性的柔情让我情不自禁地想要脱了自己的外套盖在孩子的身上。

　　那男子挥臂挡住了我要盖在那孩子身上的衣物，他抬高了声调说："你要真可怜这孩子，大姐，你就拿点钱吧。"我惊愕地看着那男子挑衅敌意的双眼，心里无以言表的情愫开始迷漫了起来："这么大冷的天，地面又如此潮湿，你让这么小的孩子睡卧在马路上，你还有没有人性？"我不禁抬高了声调，"我的孩子，我乐意吗？你若真心可怜他，拿些钱来，我才会相信你的真心，不然，不要在这里装菩萨。"那男子挺了挺腰板，挑衅地操着七弯八拐的普通话逼视着我，我浑身一阵冰凉，心底仅存的一丝怜悯一刹那消失得无影无踪。

我定了定神，看着那孩子在风中跳跃的稀少的发丝，看着那孩子不知因寒冷还是发烧而红彤彤的小脸，我忍住了想要臭骂他一顿的冲动，和颜悦色地软软说道："你看孩子都成这样了，还是先送他去医院看病吧，要不抱他回家也行，这里是风口，又冷又潮湿，地面上还有积雪……""行了吧大姐，你若不想拿钱你就走吧，不要在这里打扰我了"，不等我话说完，那男子断然地打断了我的话，并收回了放在眼前的洋瓷碗。我愕然地以为自己听错了，打扰？我在打扰他？

阳光的温暖让楼房上的积雪开始滴滴答答地下起了"雨"，街面上也开始横七竖八地流淌起了雪花的"泪水"，街上人越来越多，这些衣冠楚楚的人，他们个个行色匆匆，没有谁会驻足往孩子的身上瞅一眼，好像司空见惯了，不足为奇，一阵寒气袭来，我的背开始冰凉。这个社会怎么了，是什么让人们变得这样冷漠？又是谁让那些需要照顾的孩子做着残忍的活道具？

据说，世界上最凶残的动物是人，我现在一下子理解了这句话的真正含义，原来真的，没有人所办不到的事情，为了满足自己的私欲，可以不择手段，可以漠然地自相残杀，甚至可以藐视生命，衣物纯粹是遮羞布，但岂能阻挡人们心灵深处的丑陋？我不知道这是人类文明的进步还是落伍，心不禁茫然了起来。

我漫无目的地走在宽宽的大街上，内心的欢畅早已荡然无存，怜悯与同情充满心间，可我却无能为力，我只是芸芸众生中的一粒小小尘埃，仅此而已！

　　这个时候，突然想起了这样一句话：冬天已过，春天还会远吗？

　　是的，春天就要来了，冰冷的积雪在一点点消融着，太阳的温热不光洗刷掉高楼的灰尘，还给明净的开发区带来了一抹橘黄的色彩，我喜欢橘黄色，温暖而亮丽的颜色让我忘情，让心充满力量，加上雪后天空远山那若隐若现的迷雾一样的神秘在远远近近的建筑群间穿梭隐现，我更是快乐得似乎要嗅到春的味道一样迷醉。

　　是啊，冬天已过，春天还会远吗？

2010 年 2 月

天伦盛世，倾城烟花

无眠之夜，烟花倾城，串串大红灯笼高高挂起，繁花的隆重彰显盛世的空前，我笑着，含泪的心默默坚强。

——题记

2010 年，盛世的元宵佳节，我依旧窝在小小的窗内，呆呆地默默地，静听窗外零碎的鞭炮声和此起彼伏的锣鼓声，想像得到，喜气洋洋的大红灯笼一定已经一街两行地挂了起来亮了起来，骤降的温度怎能驱走倾城的热情？传统而喜庆的"红"更显我的单薄与可怜，瞭望窗外的天空，没有一丝云彩，阴重得似要落下泪来！

美丽且孤独的心不管不顾了，携了小儿，飞离那小小的窗，期望在今夜红灯的照耀下，拈来此年的福。

我认真地一一回应着熟人的笑脸，脸却总是很僵，带着落寞，与喜气格格不入。

夜来了，寒更重，鞭炮声烟花声掺在一起声声震耳，拉着小儿温软的小手，穿过熙攘的人潮，在串串大红灯笼的指引下，选好位置，没有约定地来赏这盛世的烟火。

小儿激动得满脸通红，跑前跑后，一会摸摸花灯老虎的屁股，一会燃燃零碎的小鞭……回望四顾，串串的大红灯笼下，一张张脸都是喜气洋洋的，无论男女老幼，皆成双结对地牵手相依挽手相靠，不谙世事的孩子挑着灯笼敲着小鼓，在家人含笑的视线内嬉戏撒欢。看到这幕心会隐匿地疼，我的世界里，我总是为了儿子孤独地不停地将自己燃烧，如春蚕，直至丝尽。我的无怨无悔只为撑起稚子七彩的天，看他欢欣，我会笑，宛若重生，全然忘了蜡炬成灰时的泪。

一枚枚"流星"呼叫着划过头顶冲向夜色，争先恐后，一声接一声地"啪啦"响着，碎在无尽的夜空，那夜，立马开出一片片美丽的花朵来，五颜六色的，逐层逐层地绽放，大了绚了，更大了更绚了，耀亮整个天庭，在人们的惊呼声中，"天伦盛世"四个鲜红的大字在夜空中璨璨生辉，一股暖暖的温情从心底弥漫上升，浮生繁花，上帝宠爱，倾城尽享天伦，何幸？仰观"天伦盛世"，痴痴，可我呢？鼻开始酸，思想还未定时，一条条长龙与一个个小蝌蚪"啾啾"嚣叫着相互奔涌向夜空，一个比一个冲得高，一个比一个叫得响，争先恐后地绚烂着怒放着，无论是高贵的紫色还是张扬的暖色，恨不能将全部色彩尽情地撒满天庭的各个角落。美是销魂的，也是残忍的，绚烂了平淡了，淡至无法掩饰满心的失落，惆怅未尽，一堆堆的小星星又冒着闪闪的光腾空跃起，自信地膨胀着膨胀着，直至在夜的尽头绽开成一朵朵千姿百态的小菊花，那些夜空的花朵在忽隐忽现的枯枝的掩映下，别有风情地平寂着绚烂着，绚烂着平寂着，直至慢慢地四下散落误入凡尘，落在枝头落在屋顶，化为夜空下含香簇团的薄烟，依依不舍不忍散去。青烟中的那一座座高楼，在七彩烟花影疏摇曳的映照下，璨璨辉煌高山流水，全然没了昔日的呆板古朴，倒显出几分灵动与庄严来。

空气中弥漫着盛世的香气，我痴了醉了，心空了碎了，转瞬而逝的美丽灿若夏花，而瞬息明亮的烟花下相拥交颈的情人们却引我不忍回眸，眼眶湿润，烟花的美丽碰撞到我内心深处的寂寞，什么时候，我才能投入你的怀里，与你一起见证人世之美妙与沧桑？心里的落寞除了尽情地敲打键盘，还有什么能让我释怀？我在说什么呢？我想说什么呢？我想说，这是不是，我的悲哀？

倾城烟花，谢后，余一城薄烟，似梦似幻梦一场，烟花寂寞。

生命亦如烟花，而我这生，未梦，还不如一场梦，却也寂寞。

我这生，苟生于世，烟落无痕。

我笑着，侧看红灯下稚子脸上灿烂的笑嫣，含泪的心默默坚强。

2010 年 2 月 28 日 23：45 分

心之结

　　眼波深远如无底之潭的他，一瞥已心生恍惚，这个春天，当他一意出击定定看我，心便开始慌慌。我微笑，以示淡然，心却沙沙。

　　本以为，就算他是青年才俊，终究与我是没有干系的，属于别人的，我不能要。我甚至想像他牵着美丽女子的手，璧人一对，相依相靠。

　　抬头仰看灰灰的天，悬浮的尘写满忧伤，云彩已躲得杳无踪迹，天湿得要滴下泪来，惆怅便也深深浅浅长长短短。工作间隙，偷点闲，更新枯燥，注入活力，从扫眉才子错错落落的墨里读自己的心情，契合心境，酸酸甜甜。

　　日子在流淌，这样的年纪，寂寞已入了骨，很恬很淡，不像那时青春，很是霸道，喜欢的，便想拥有，得不到，便要生出恨来，针尖一样，扎得心簌簌地疼。千思万想，人淡如菊的气度我还是没有，浅浅的思念愈醇愈厚，只消一声问候，心已欢欣讨巧，宛如领了奖赏的孩子。

一直来，破碎的心无所谓明天，所有的邂逅证明了偶然的必然，不如莫遇的匆匆让心恬淡宁静，薄如婵翼的自尊与敏感随落花坚持着独立着，冷静的心完全封锁，只为免遭现实推土机般地反复摧损，夜深了鸟倦了，心门紧关，一言不想再发。

接到母亲的电话，淡懒的心正在异域的天恣意飞翔，她说好好去爱一个人吧，你会快乐，比如你的小孩。她的絮絮叨叨就像哄劝一个年幼且正哭闹的婴儿，很温柔很耐性，心不自觉地万籁俱寂起来。她如一棵树，根深久远，绿树成荫。

今生今世，我牵扯不下的牵挂，除了她除了那小小的小人儿，又多了他，患得患失的心，剪不断理已乱，心力交瘁心神俱惫，一笑百媚莫逆于心。

远远瞅他，一生忠诚，不离不弃，眼眸的专情只为成全此生绝代的爱恋，让生命不再遗憾，让妩媚娇柔千般。那汪潭我看不到底，可给我的墨注入了万千的灵气，不愿让文字失了灵魂，亦如不舍失去恋恋红尘中的你。

梦寐的依恋我要的是长久的一世，不是瞬息。凋零的花需要增加养分，定然会在次年的春天再度娇美，我深信。

阳光透过云层透进窗户，得意地宣告着它的抗争，灰灰的天多了几道绚丽的红，若隐若现，倨傲而有生机，心的结开始悄悄地松散，如游丝般光滑，轻轻一抽，哗啦哗啦地将心展示，剔明透亮晶莹如玉。就让卷卷的万千波涛携我一起飞入云端吧，好让生命无声无息地，一起与流云悄悄地蜕变。

　　心扬起一丝微笑，我的缺憾，我的单薄，于柔美间，悄悄地荡漾起来。

2010 年 4 月 7 日

我不是你眼里的好女人

　　我不是你眼里的好女人，我不够惹眼不够优雅，想必这，你是欣然接受的，可要命的是，我还偏偏有些个性张扬神清骨秀，虽离风情万种人间尤物十万八千里，却也不装门面地痴爱着书香淡淡，我的"做作"显得你金玉其外，腹内草莽，有时思量，信口拈来言不由衷的粗俗也许更贴近生活，彼此的不能交融令我沮丧，谁来为你我终老一生的寂寞买单？

　　我不是你眼里的好女人，除了热爱一钱不值的文字外，还痴迷那些要死不活的轻音乐，它们似乎比我的爱人更能懂我体贴我，如荒芜灵魂上炫目的红罂粟，疯狂地散发着致命的有毒幽香，你的距离更远了，那不是我所要的结果，看你一个人窝在沙发看着泡沫剧沉沉睡去，我开始哀伤迷茫，夜夜的千愁与孤单，是谁强加给你我的厄运？

　　我不是你眼里的好女人，出身卑微，却喜欢光顾高档的消费场所，喜欢穿高档名牌的服装，喜欢用名牌的化妆品，喜欢喝茶喝咖啡时，耳畔永远回响着舒缓的轻音乐，我的"小资"我的"不会过日子"的行为让你头疼心疼，纵当时不说，必为日后的矛盾埋下火药性十足的"线"，看你众目睽睽下穿着不舍丢弃的袖口磨得脱线的毛衣，我会心疼会愤然，而你执拗的世界里，依然坚决地拒绝着我的"打造"，两个世界的陌生人就这样背驰地疏离着客气着，眼神更冷了，心更凉了！

　　我不是你眼里的好女人，太过的坚强独立与自尊自爱将你那稚子的依赖之心击得粉碎，我欢天喜地心甘情愿地踏上错误的红地毯，幻想着与亲爱的你坚强独立相亲相爱一世白头，我的鼓舞我的等待如水里投进了沙，激不起顶点微弱的浪花，都说女人是诗是魂是美的代言，可谁又看到女人为爱等待的泪？没有尽头的等待中，除了给孩子一个圣母玛丽亚般的微笑，徒绽一朵失了水分干瘪的花！

　　我不是你眼里的好女人，"大女子主义"让软弱的你艰于呼吸，我总要强迫你养成读书的习惯，总想节假日里黏着你不要寂寞，无望地等待与忍耐助长了我的脾气，你的懦弱与无谓将我所有的自信全部摧毁，我就这样不招你喜欢吗？还有那铺天盖地的不良暗示，亦如空气中不能散去的毒雾，一次次地侵蚀着你的软弱，想要摧毁你的自尊而后快，这一瞬间，我给你的坚强与鼓舞在这恶毒愚昧戾气的攻击下总是无力，我的失败令我沉默令我灰头土脸，千思量万细想，问题的根源却在天边。

　　我不是你眼里的好女人，女性的温婉与柔情你无福消受，冷漠与脾气除了让心的距离扩大外，物理的距离更让我性情大变，笨笨的你面对心凉气冷的我总是云里雾里睡里梦里，远远看你，会下一百次终老的决心，可一百次，总被你牵强拙劣的表演瓦解，没有质量的生，要不要尽快粉碎，好早点，投胎彼生？

……

这半生，曾经眼眸里清亮的那汪清泉早已枯竭，我的无能，注定了这必是一个不能颠覆的定数，没有什么比"陪葬"更能给我惩罚，期待中的辛酸没人能懂没人能赎救，不能主宰自己的命运，无法做自己命运的主人，不轻言弃的失败已真实地告诉我：

我真的，不是一个完美的女人，更不是你眼里的好女人！

2010 年 2 月 24 日 22：49 分

我醉了……

我醉了，看世界从指尖滑落，心开始迟钝，愁绪千千结，相思映红颊，像只猫，温柔地轻舔刀口的蜜。

我醉了，脚步的轻盈如上九霄，拔剑一歌，会寂寞月宫之吴刚，桂花树下广寒宫里，缱绻共千年，一世痴缠。

我醉了，这一杯如泪的红酒，只想与你痛饮，哪怕是如鸩的毒药，也不愿伴在角落将你等待。

我醉了，胡话飞扬尘悲歌，看荧屏上别人的幸福，我心疯癫我心痴狂，一首歌，一杯红酒，就醉了。

这一杯，只为我看透了爱的完美，干了！

这一杯，只为寂寞伤我一夜的白头，带劲！

这一杯，只为天上人间歌舞翩翩的交欢，痛快！！

……

我没有乱哭，我只是任泪花失了控地胡乱飞扬；

我没有迷失，我只是步履零乱欲奔明月共缠绵；

我没有胡话，我只是无法掩饰舌的癫狂在高歌；

我没有喝多，我只是借杯表白累了累了花下睡去……

冷风爱我，吻我红颊，我嘴角含笑，邀明月继续痛饮，枉入红尘的愁情尽散红杯，一饮而尽的，不是泪，是血。血在烧，每一滴每一口，灼伤我翻江倒海的心，我以为，这一杯，定会醉倒在你的怀里。

我真的醉了，思想的混沌让心迷失，狂傲不羁地看着世界从指尖慢慢地滑落滑落，忽悲忽喜，亦哭亦笑，总有泪伴落，抓紧你有力的大手，我不停地摇晃不停地呓语：这生，谁与我牵手共度？

2010 年 2 月 20 日

夜遇一瞥

夜朦胧，那黑，如墨，正悄悄地泼满着整个城市，霓虹的斑斓星星点点，诡秘而妖媚，像夜的伤口开着血色的花，加上空气中细碎的飘雪，更添几分诗情的凄美。

远处，零碎的鞭炮声从下午开始就一直在迫不及待稀稀落落地此起彼伏，报告着年即将来临的消息。突然发现，不知何时，街的两边，已失了往昔的繁华，街灯的霓彩掩不住雪花的冷清，似乎一下子，所有的人世生灵人间蒸发。

街边，电线杆旁，一个美得不可名状的年轻女子打着手机，她的声泪俱下、断断续续吸引了我的视线，我用眼角的余光窥到了她的痛她的泪，那是怎样伤心欲绝的女子？是谁让她在这年关将至的夜里站在街边独自哭泣？是谁让她的心碎落了一地的花瓣？她的双眸定是蓄满泪水满含忧伤，她此刻定是如稚子般无依，我心轻叹，缘在断灭处，拈花一笑从容的人又有几许？灵魂一瞬间与她贴得很近，心莫名地疼。

我看到她蹲在了地上，也许她感知了自己的失态，开始一句话也不说，对着电话只是默默淌泪，一个匆匆赶路的好奇男子干脆住了脚专注地看她，女孩一任泪水疯涨只是无语，并没有新的动作或声音，那男子也许感到无趣了，约一分钟后，又继续前行，他一边大步流星地行走一边频频地回头张望，这个思想抛锚的倒霉鬼，一不留神竟然一头撞在了电线杆上，看他龇牙咧嘴地捂着额头，我忽然感到好笑而解恨。奇怪，我为什么会这样卑鄙地幸灾乐祸？

我上了公交车，透过车窗，看到她还蹲在地上流泪，似乎电话的那头挂掉了，她在执拗地回拨着，拨通了，无语，流泪，又挂掉了，继续拨打，流泪，不语，如此反复中，我的心随着公交车的启动隐隐地痛了起来。

现实的残忍让我猜测那蒙蔽的无情，一个蹲在路边默默流泪的女子，背后会有怎样一个肝肠寸断的故事？曾经的欢爱变幻为措手不及的冷落，哪怕虚情的安慰都是那么吝啬，不思量的男子决然，自难忘的女子会心碎，在这万家灯火的阑珊里，在这年关已至的团圆夜，剪不断理还乱的泪，一瞬间，让那花枯萎。

雪还在飘，很淡很轻，洁净凄美，荡气回肠地轻弃着自己的生命，甘愿堕落着融化着，最终，归为那尘世间滴滴的泪。这些异域里纯洁的使者，误落凡尘，只为冷冷地窥视人间百态，看谁是歌者，谁又是寂寞身后的王者。

夜终于来了，黑的墨染满了整个城市及村落，传说中，那个叫做年的怪兽会在今夜出没，聪明的老祖教给我们驱赶"年"最管用的一招——放鞭炮、燃烟花，噼里啪啦的鞭炮声和空气中弥漫的火药味是制服"年"最有力的武器，当"年"被吓跑时，人们奔走相告互传祝福，而春，也会提前来了吧？还有那老房子上的常春藤，也快有绿芽了吧？

零时，看除夕夜里满天的烟花时，天上正飘着密密的雪，风在轻轻地唱，翻阅着地上残留的鞭炮屑，每一朵舞起的残屑都胭脂带笑地流露着喜悦，"年"定已被驱逐，漫天的祝福铺天盖地，看雪花漫舞的午夜里一张张喜气洋洋的脸，我不免痴想，夜遇一瞥的你，是一个人孤守这个除夕还是偎在母亲的怀里？脸上，有没有泪滴？

2010 年 2 月 14 日 3：20 分除夕

生命中最美的花朵

——给我的小孩

文小，三年级四班，我安静地看着课桌上展开的儿子的期末试卷，那个比我还年轻的女班主任，在讲台上口齿流利地向各位家长介绍孩子们在学校的生活学习情况，我深深地感受到她教学的认真与负责，满心感激。

课桌上，儿子的语文成绩一塌糊涂，55分的阅读与作文，他一分也没有拿到。数学成绩，也是勉强地爬过六十。偷偷四顾，别的家长骄傲地炫耀着自己孩子的成绩，我心讪讪，有点小小的羞惭。

几番雷鸣般的掌声后，家长们熙熙攘攘按次序退离教室，我没有撤离的意思，底气不足地想要和老师搭讪，自报上我小孩的大名后，从老师的眼里，我读到了一丝不易令人察觉的轻视。调皮捣蛋打架不认真听讲上课抠手掰指甲，一堆推的恶习从老师的嘴里不停地向我倾倒着，还有最让人动气的是，你家孩子根本就是来学校玩的，从来就不学习，在受批评时，会眉头拧在一起不服气地强辩，一脸的阴暗，心里很不健康，似乎这个世界都欠他一样……

老师，我知道，我的孩子一定拖您班的后腿了，我知道，乖孩子肯定是招您喜爱的，对您，除了满心感激，就是深深的歉疚，可我还是想真诚地告诉您一个真理，总是被人一脸怒气不分青红皂白地训斥，谁还会一脸阳光灿烂地笑着？他的表现总算让我心安，这证明，他的智商是没有一点问题的。如果他心理阴暗，如果他敌视世界，您作为人类灵魂的工程师，更有责任与义务将他赎救，而不是恨其不争地告诉我你要放弃，说真的，我不爱听。他仅仅还是个孩子，爱玩犯错，是老天赐于每个孩子的权利，有什么可奇怪的？

那个傻小子，这朵我希望的小花，在我的眼里，真是阳光灿烂啊，单纯干净，一脸欢快，找不到一丝忧伤，我实在无法想像，阴暗、仇视这样的字眼会与他沾染，怎么可能？

我竭尽全力地浇灌着这朵遭厄运的小花，全然忘了自己脸上悄悄爬上的沧桑，听力失聪的他，三岁前，只言片语都不会讲，他的不幸对我更是终生的考验，从小陪他学习陪他去省残联语训做康复训练，风风雨雨地走到他八岁，在文小校长的怜悯下，有幸进入普小学习。他会讲话了能上学了，这对一个正常孩子来讲多么自然而然，可对他，何其艰辛？于我，又何其欣喜？

他的听力那么弱，一堂课于他而言，如听天书一样受罪，我真不知道从小好动的他，是如何一天天熬下来的？所以，您总说，他上课不专心听讲小动作不断；他调皮爱玩个大力大，和同学玩时总会没轻没重弄疼他们，所以，他欺负同学和同学打架的名声更是响亮；他自律性差多动且难以管理，总会在年级的周考评上拖班级的后腿，所以您会头疼会重重地批评他，他无辜，他不解，明明那个高年级的同学先向我吐口水他先动手打我然后我才还的手，明明是谁准谁老欺负XX凭什么嫁祸于我？看他脸上的委屈与愤怒，我会心痛，别人伶牙俐齿，怎是他这笨嘴笨舌的失聪孩子所能比的？除了紧紧地不松手地拥抱他相信他，我真不知道如何来抚平他心里的伤。

面对这小小的偶然的生命，多少次，我总会看着他沉沉睡去的小脸微笑，人都说母亲是儿子的前世情人，所以，你放心我的小孩，我怎会，轻易地将你放弃……傻小子，你还要记得，我们，一定要心存感激地好好生活，虽然我不能左右命运给你的不幸，但我会陪你一起去迎接风雨，积极乐观，一路欢歌，让这最美丽的花朵，不畏凌寒，幽如梅香。

在你面前，我会怀有梦想，心存希望，会笑看生命的悲，会忘记脸上的灰，会傻傻的，辛勤如蜜蜂，哪管子期能否会遇上伯牙，一味固执，全当娱乐自己。

而你，我的小孩，这朵我生命中最美的花朵，总是一脸阳光地迎风绽放，一次次的，满足我作为一个母亲的小小幸福，这一生，何其感激？未来的路很长，你定会健康快乐地生长，你定会阳光感恩地生活，就算不小心被寒霜打谢，总有一天，还会在我细心而恒温的呵护下，重新骄傲地盛开，我坚信。

不要担心，不要难过，不要害怕，不要委屈，你听力的弱，导致你语言的钝，虽然你的阅读与作文全军覆没，可你在剩余的45分试题中勇夺32分，该是何等的优秀？还有数学，我更是骄傲，正如你所说，你是数学天才，我有什么理由不信？成绩的高低代表不了什么，我从来也永远不屑拿成绩的高低来评判你的优劣，在我的眼里，你就是世界上最棒的，最绚烂的花朵。

别怕，孩子，天大的错，有妈妈，妈妈会帮你一起挺过，这是上帝对我们的磨砺，勇敢面对，一起加油，就让阴雨，忧伤，失败，苦难成为我们生命中有趣的点缀，让阳光，快乐，希望，微笑成为我们生命中真正的向导，相信总有一天，会将这命中的定数，全部颠覆。

这一生，能拥有一个五味杂陈的人生，该是多么有趣的幸事。

2010 年 1 月 27 日

不能让上帝太为难

一梦千寻

总是有,烟花般的寂寞恣意泛滥着,顽固不灵的心失了灵性,人群里,那个模样伶仃的孩子,不能坚强,貌似坚强,嘴角倔强的微笑,让心中的忧郁,了无痕迹,没有谁会看到他的心疼,更没有谁会心疼他的伤悲。

"执子之手,与子偕老",于我而言,是唯美,是向往,更如旋转木马的游戏,彼此追逐,永远距离。生命中错误的相遇,最终留给我的,是"岂日无依,携子相靠"的无奈,心已碎得不再完整,甘愿得荡气回肠。

常梦想,童话中的那个王子,也能给我深深的一吻,好将我这半生的噩梦唤醒,从此,奔向满园溢香的春。灰姑娘的梦还未醒时,朋友说,你不能让上帝太为难。

是的,我不够坚强也不够勇敢,总是写绝望而颓废的文字,一个人,还会不争气地掉眼泪,可我已默认了上帝的安排,已将身上的刺打磨得光圆，可为什么，孤寂还没有罢休的意思？难道仅仅是，我让阴晦诡异的情绪纵情泛滥时还诅咒了上帝的不公，就让上帝动怒了吗？

显然不是，仁慈的上帝怎会忍心，对寂寞的孩子残忍？

他只是含笑远远地看，只是在用他特殊的方式，将我磨砺，这其中，定有他的良苦用心。

我笑了，原来我没有被神抛弃，还成了他的宠儿。

够好的了，我不能让上帝太为难。

彼年莫离

少年青春，我心张扬，吻花吻草，得意洋洋，拥有过，感动过，够好的了。

这一生，有个笨笨的傻瓜总会将他的千般宠爱毫不保留地集于我一身，够好的了。

每天下班，总能看到热气腾腾的饭菜已摆好在桌上静静地等我，够好的了。

天涯海角，总会有母亲温暖的牵挂不离不弃地追随着我，够好的了。

雪夜里，在温暖的灯下读唇齿生香的文字，而不是在凄寒的大街食不果腹，够好的了。

全球金融危机的风暴下，没有为生计而愁苦潦倒还能让事业平稳收入提高，够好的了。

那年，去省残联，惊遇那么多小小的折翅天使，令我震撼心碎，怀里，是我熟睡的宝贝，泪水一遍遍地亲吻着他安详的小脸，何幸？够好的了。

2008年5月12日，那个永远无法忘记的日子，惊恐地看着漂亮的高楼如醉汉一样左右摇晃着，那一瞬，有多少未尽盛开的花朵刹那间泣血零落？而我，还能满含热泪千真万确地活着，够好的了。

……

破茧化蝶

够好的了，你不能让上帝太为难，这是多么智慧的妙语，如阳光，转瞬将心房照亮，还有什么话更能抚慰我孤寂落寞的灵魂？

原来，上帝已经宠爱我够多的了，原来，神在试炼我的信心，贪婪、自私、仇恨、妒忌，人类后来衍生的人性之恶让自己自招惩罚，可人的劣根性决定了，人们从来都不会怪自己，只会怨上帝，而我，也是。

苦难是因为人类犯了罪，我的罪孽，必让我沉沦在苦难中。

满心感激，我的朋友，原来你就是上帝派来的天使，在神的授意下，将我灵魂的荒地，开发整理，直至绽放一朵朵含笑迎风的小花。

心里的温度渐渐回升，知觉的苏醒，让心有了灵性，双手合十深深俯首，满心虔诚，感谢神的恩赐。

这个冬天，很冷，我笑着，看落雪狂舞飞扬的美。

2010 年 1 月 21 日

从此，就让你来做我的宝贝

在甲流重症的城市，我刚好感冒了，甚至还有些低烧咳嗽。

风雨同行二十载的学友加知己添了私家车，许多圈内学友纷纷表示祝贺，借机相约本周末，在当年中学的那个小城相聚。

虽是初冬，天却出奇的冷，加上几天不见好转的低烧咳嗽，一刹那，曾产生退缩的念头，可想想多年未曾谋面的诸多学友们，我又勉强打起精神来。

那时刻终于来到，看着这么多熟悉陌生的脸，心很是兴奋，竟忘了自己还是个病人。吃饭，唱歌，时光倒流，欢快似孩提。

温度终于慢慢地降落，忽然才想起，这个小城与母亲如此的近，心开始矛盾，要不要回到生我养我的老屋去看母亲？

已近午夜，拨通家里的电话，母亲听见了电话这端我的咳嗽，声音的沙哑暴露了我一切安好的谎言，听说我在小城，母亲很是高兴，又听说我想现在回家，她坚决拒绝，但同意我天亮后可以回家看看，本来就在游移的心一下子释然，我坦然地在小城的酒店住了一夜。

次日清晨，同路回省城的同学开车送我回母亲那里，越过一个个寒气逼人七零八散的村落，锃亮的小轿车停落在寒酸破败的老屋前，也停在院落里衣着臃肿望眼欲穿的母亲前，母亲老了，我一眼看到冷风中母亲头上飞舞的满头华发，有多久没看到母亲了？半年吧？或许更久些？大脑一片混沌地搜索着，心已开始落雪。

衣着光鲜的学友，华发刺目的母亲，强烈的反差一瞬差点让我落泪，我想我的表情一定极不自然，我僵硬地接受着母亲的亲热，大脑却一片空白。

有太多的话想对母亲说，可我一句也说不出，我一脸凝重心事重重，咳嗽开始加剧。疼爱与担忧写满母亲的脸庞，太过熟悉的表情一下子让我回到幼年，亦如自己还是她当年的宝贝。耳畔，是小妹大嗓门的乡音：昨晚，你的电话让妈激动得一夜无眠，早早就起身去院子里不停地张望，妈多想你回家啊，可家里又太冷了，你一定早已不适应了，何况你还生着病呢，而酒店一定是有暖气的……哦，母亲，我只轻唤，便已痛到不能呼吸，您的眼里，我永远都是那个需要你照顾的宝贝。

是谁，无情地偷走母亲的青春，而我，却只能眼睁睁地束手无策？

是谁，一次次送我走出村口，而她，却心甘情愿地燃尽油灯的灯芯？

来得及，一切还来得及，母亲，我回来了，我还是你当年的宝贝，母亲，你可坚持，从此，让我好好去疼你。

从此，就让你来做我的宝贝，母亲！

2010 年 1 月 15 日

秋忆

晚秋浅吟，寂寞成伤，淡淡如水墨。痛楚不想碰及，只是想学着，好好去疼惜自己。

寂寞是会见缝插针的，有落花肆无忌惮的点缀，更会心碎，心似相思网，中有千千结。为爱沉沦，如何会过而无痕？记忆里零落的爱或恨，除了缅怀，除了默守，留下的还会是什么？

爱生了刺，还要忆旧如痴不可掩饰，总会朝你的方向凝望，忘记了自己眼中的忧伤。美丽的画面在空中延伸，嘴角泛起的微笑，如花香，漫天馨香。谁说的，你的无谓只是仗着我那么喜欢你，差点落泪。

万物凋零的晚秋，空气中的凉弥漫在风中，灿烂之夏花终究投了降，骄傲的姿态已荡然无存，徒留伤逝凄凄的落寞。怀念明媚光鲜的夏，夏曾那么好，彻底忽略了花香的缥缈，就算死在你怀抱，也不想放掉……

秋去冬来，自然轮回，回眸夏之美丽与骄傲，一如昨昔之痴痴，就算没惊天地泣鬼神，却也曾似滚滚波涛，如此，夫复何求？然流年的平淡，漫长寂寞如烟花，亦如冬之荒芜，谁又能真正敌得过？

痛楚已铭心深深，欢愉地凝视木棉的清香，彼年的懵懂此年的陌路，亦真亦幻沧海桑田，天荒地老似传说，擦肩而过太匆匆，徒留忐忑无奈伤逝凄凄！

在每个不能逃避的夜里，一遍遍清数着黑色的寂寞，这是个不再光亮的王国，没有谁为我去掌灯，泪已将我出卖，泪过了，微笑依然如昨，悲伤只是留给文字的，念去去，千里烟波，日子还得继续，我只是那个暗夜王国里默默潸泪的寂寞女子。

一步一行回眸间，秋去冬来尽萧萧，所有温热的潮湿的苦涩的记忆最后都会化为灰烬，如残烟，最终也是丢弃。

2009 年 11 月 10 日

秋之蓝

她从海南来，坐硬座的火车。抵达西安的时候，是下午 14 点 30 分。

马上要 11 月了，这座北方的古城里，天气冷冷，风清凉，光线泛着肃杀的金黄，枯黄的落叶，无垠的黄土，火车穿越四季，一刹那，她迷恋上北方秋天的凄美。这个荒凉而绝望的季节里，没有生机，显然，这与南方的秋截然不同。

他在火车站的出站口接她，耳朵里塞着耳机，不停地抽烟，心不在焉的样子。

她一眼就看到了他，对他挥手，揽他的肩，眯着眼笑。一个肆无忌惮的女人。

光线暖暖，他带她顺便去买回海南的返程车票。阳光打在她安详的脸上，他递给她一瓶提前买好的营养快线。她接住，眼睛亮亮的，穿过人群，去窗口排队。

宇，真好，真好。

他的手机里，传递来她的信息。他的眼睛在人群里搜索，她正在长长的队伍里望着他笑。

这个叫蓝的女孩，是他在网络上认识的，她说要来西安看他，他一直觉得时机不成熟。她终究还是来了。

找了间如家快捷酒店的单人房，一张宽大的床，浅绿的棉质床罩覆盖了整张床面，桌上干净清洁，一盏工艺台灯。

他递给她拖鞋说，先去冲个澡，然后我们去吃饭，去超市买东西。

两个人去回民街吃了点小吃，买了些休闲的干果，半斤绝味鸭脖，一桶蒙牛酸奶，一瓶本地产的柔西凤酒，还有几包香烟。

托赛里的小夜曲在昏暗的房间里静静地流淌，压弯了脖子的台灯低着头在墙角散发着柔柔的光，她抿着酒，点了一支香烟，觉得暖和。

西安，我来了。宇，我终究看到了你。缭绕的烟雾里，蓝柔软的手指抚上他的脸。

他望着这个抛家弃子四处流浪的陌生女子，笑容甘甜。她说她什么都可以放弃，只为忠于她信仰着的爱情，她说漂泊是何其的幸福，不寂寞，只是有些许孤独。她让他怜惜。

也许酒精的度数不够，他的大脑异常的清醒，而她，显然酒力不胜，已近酩酊。他突然觉得有些累，想睡，就背着身子给她，任她在他的耳畔嘟嘟嚷嚷地诉说，她的童年，少年，爱恋。他丧失语言的功能，不语，大脑里一片混沌，他不清楚自己为什么没有丝毫的欲望。他只是累。

不许睡。她突然凶狠地掰过他的肩，逼视着他的眼，吻他，执拗热烈。他用力地推着她咄咄逼人的身体，低声地咒骂，你个疯子，疯子。她神经质地笑，笑得浑身发抖泪迹斑斑，寂静的夜里，他感觉恐怖。他望着她蜷缩如婴儿一样的身体，他看到了她眼里的泪她的伤心。他回抱她，一任她褪去他的衣衫。

宇，我是为你来西安的，如此，我才能放下。

我知道我知道。他抚摸她的头发，她的脸，黯然。

我不会是你的拖累，我会工作，会养活我自己，我只是想要和你在一起，我想我们会幸福。蓝柔软的舌舔吮着他的耳廓。

她像一条光滑的鱼，紧紧地贴着他，放肆地吻他的唇咀嚼着他的脖子，他觉得窒息，像要被她生吃掉一样无以遁逃。蓝狠狠地积蓄着足够大的能量，似乎只有这样，才能激起感觉，才是解脱。

镜子里，他的脖子印满血痕，触目惊心。他觉得浑身伤痛遍体鳞伤。

为什么，为什么会是这样？

他想起了阿紫的脸，那个他深切热爱着的女孩。他下了决心地想要放弃，检验自己能否将感情托付给另一个陌生的女子。心里的阴影破碎，阿紫的脸更加清晰，原来一直，他都是心有所属。她在他的生命里不可抹去。

蓝突然有点失神，斜靠在床上，只是安静地抽烟。她心痛地望着他，她感觉不适，她对他洞然于心。她依然独自微笑。

她从桌上端起水杯，浅低着头，用勺子搅着，一口一口地抿。宇的脸不安地将她打量，她揽过他的身子，抵着他的头，对望着他明亮的眼睛，不动声色，一勺一勺地给他喂。

彼此都是来历不明相隔千里，本在不同的地方，各自陌生的生活，可是这一刻，却没有任何防备任何企图，畅心地交谈，苦楚地堕落。他们都是天真未泯的小孩。

他轻抿着唇，唇里的伤还在剧烈地痛，被蓝狠狠地吻时，会更痛，麻木至失去知觉。

光线刺白的正午，两个人起床，草草收拾，去火锅店。他们手牵着手，很亲昵地坐在一起，眼波里冒着的气流在交汇，麻辣在灼烧着他的唇，很痛。服务生站在远处不停地偷偷打量，他们间或会碰杯，微笑，语言，过往，甘饴地彼此倾诉，关于未来，却只字不提。

大街上，蓝的嘴里叼着香烟，旁若无人地揽过他的腰，偶尔会肆意地吻他的唇，放浪不羁。

火车站，南来北往的人流里，她揽着他的脖子，吻他的颊，伸着臂，大模大样地用手机把玩着自拍。她觉得快乐。

放下了，心终于放下。她的爱情在蒸发。她不舍地背上了南下的背包。

他送她宽大的蓝色的纯棉 T 恤，她穿在身上，她想，这也许是他送给她的唯一的东西。有些东西是廉价的，却是值得纪念的。

火车启动时,她在车窗内定定地望着他,朝他不停地摆手。他的心突然很痛。他不知道这个满脸颓靡从不化妆的女子还要流浪多久。轻易地对感情投入,那一刻,她还在他的怀里,转瞬间,爱已抽离。多么残酷。

长长的站台上,秋风清冷,他犹豫地伸出手,他的脸湿而冰凉。

2011 年 10 月 23 日

后记

　　这些拙文，是我为打发虚无的时光而写的。文字真是个好东西，它让心灰意冷的心苏醒，让受损的伤口日渐痊愈。我热爱文字，它是我的人生伴侣。它唤醒我麻醉的灵魂。它让我内心微弱的火苗凛冽盛放。

　　因为文字，我结识了一帮珍贵的文友，作家，我们从不曾谋面，却互为欣赏，勉励。文字让我们彼此相惜相知。收到远方老师邮寄来的亲笔签名的书籍，将它拥在怀里，我的快乐像花朵一样充满欢愉。是的，芸芸尘世，这些朋友我看不见他，触摸不到他，他却在我的身边，不是音讯全无。我感觉安慰。

　　我所生活的这座城市在西北。盛世长安，洋溢着古香古色的富丽。新旧建筑混搭，大唐芙蓉园，阿房宫，古城墙，大雁塔，富丽堂皇的古建筑却散发着糜烂的商业气息。它是现代人手上的那杯美酒，它在历史的碾压中摇摇欲坠。

　　这个道德沦丧金钱至上的时代，我与我的儿子相依为命。生命的迷惘中，除了儿子，我一无所有。我的灵魂无所依傍。

世界在沉睡，我与之作对。在一个又一个被辜负的夜里，我听见自己的呼吸急促，表达着自己无以抚触的孤独。寂寞并不美丽。我变得忐忑，含糊其辞。夜夜夜夜，我拥抱着它的黑，等待着曙光的出现。

朗朗天地间，我如此孤独。驻在陌生的人群里，会感觉惶恐。我害怕在迷宫的长安迷失。关于未来，我自知需要探索一条新路。其实除了阅读和工作，一直以来，我别无出路！

我是一个淡淡的人，老黄牛式的人，工作之余，文字耕耘，从没想着收获，更没奢望过什么名或利。理由无它，爱，我只是爱，这种对文字的爱是干净单纯的，没有任务，没有胁迫。它是我精神和肉体的依赖。它让我的喜、我的悲尽情释放。它让苦痛的生命得以微笑着持续。它让人忘记人生中的渺茫。

感谢文字！

梅如霜

2013 年 6 月 28 日